辛弃疾词传

男儿到死心如铁

精装畅销典藏版

三川 著

时事出版社
·北京·

图书在版编目(CIP)数据

辛弃疾词传:男儿到死心如铁 / 三川著.—北京:时事出版社,2020.1

ISBN 978-7-5195-0361-1

Ⅰ.①辛… Ⅱ.①三… Ⅲ.①辛弃疾(1140-1207)-传记 Ⅳ.①K825.6

中国版本图书馆 CIP 数据核字(2019)第278153 号

出版发行:时事出版社

地　　址:北京市海淀区万寿寺甲 2 号

邮　　编:100081

发行热线:(010)88547590　88547591

读者服务部:(010)88547595

传　　真:(010)88547592

电子邮箱:shishichubanshe@sina.com

网　　址:www.shishishe.com

印　　刷:大厂回族自治县德诚印务有限公司

开本:880×1230　1/32　印张:9　字数:184 千字

2020 年 1 月第 1 版　2020 年 1 月第 1 次印刷

定价:42.00 元

序言

辛弃疾，字幼安，号稼轩，既是文臣、词人，也是军事家。他曾经“金戈铁马”，纵横沙场，少年壮志，渴望恢复中原，无奈“醉里挑灯”，北伐梦碎，终成词中将军。

他是南宋伟大的爱国者和杰出的词作家，他的词代表了南宋词的最高成就。他曾写下许多慷慨豪迈的英雄壮词，也有婉约细腻地表达儿女情长及其日常生活的妙词。其词抒写力图恢复国家统一的爱国热情，倾诉壮志难酬的悲愤，以豪放为主，热情洋溢，慷慨悲壮。

他一生失意，一生树敌，一生备受指责。他平生以气节自负，以功业自许，一生力主抗战。自南归之日起，他就对北伐念念不忘，望有朝一日能“沙场秋点兵”，指挥千军万马，光复中原，却始终被视为“归正人”，不被信任，备受指责，几度奉命出任，又几番被罢免，犹如一枚棋子一样，到头来却只能“醉里挑灯看剑，梦回吹角连营”，可怜白发生，最后含恨辞世。

辛弃疾为抗金事业奋斗了整整一生。当真正的任命来临时，年近古稀的他也只能悲上心头，再无壮怀激烈的感慨，心死如灯灭。“千古兴亡多少事？悠悠，不尽长江滚滚流！”今古恨，几千般，归去，归去罢。

本书讲述了南宋词人辛弃疾跌宕起伏、壮志难酬的传奇一生。全文行如流水，或言辞恳切、入情入理，或激情澎湃、豪情万丈，将一生空怀理想、报国无门、郁郁不得志的辛弃疾刻画得淋漓尽致。拿起本书，让我们一起去感受他一生的悲欢岁月吧！

目录

CONTENTS

第一章 绝世英雄，谢幕辞别

一句“可怜白发生”，难道就是这位词家仅有的绝唱？他所怜惜的，又岂会是只有自己？答案显而易见——辛弃疾的故事，注定不会这般简单。

第一节

垂死的三呼

南剑永远都不会忘记，老爷归天时的那一幕。

那一年，他刚过 40 岁的关口，膝下已经有了几个活蹦乱跳的孩子，让他这个父亲觉得人生十分有趣。同时南剑也依稀记得，主仆初次相见时，老爷大概也正逢不惑之年。

对老爷的过去，南剑知之甚少，只听前来府上拜会的先生、官人说起过，他们家老爷曾是个大英雄、真豪杰。虽然功勋不及岳元帅，但老爷的名声至少能同李纲丞相、韩郡王这样忠贞为国的名臣比肩。然而也有那些闲散的过客，提起老爷时总会带上少许鄙夷的讥笑，一边喝着茶，一边唱话本似的说老爷杀人如麻、聚敛钱财、风流成性……

南剑从来不信这些奸猾之徒的流言蜚语，尽管府上确实有一些年轻的夫人。老爷从来没有强抢过谁家的姑娘，更不会流连青楼妓馆。何况，老爷同夫人的感情很好，从未冷落她，不论是已经仙去的范夫人，还是续弦的林夫人，老爷都一视同仁。至于小夫人们，她们更像是老爷的拥趸和帮手，而非普通的侍妾，她们没有一个不被老爷的文采和胸襟所折服。

可是，天下仍然有很多人不喜欢老爷，嫌他盛气凌人，言谈行事不会给人留情面，说这样的牛脾气是幼稚和莽撞的表现，不但不能做官，更不会做人，所以老爷虽然在官场 30 多年，却始终得不到临安宫中那位官家的喜爱。然而南剑不这样看，他觉得老爷是山东长起来的彪悍人物，本就没有喜好算计的脾性。南剑也是北方人，他认为：不论做人还是做官，都理当像老爷一样，君子坦荡荡，绝不因怕得罪人而强迫自己委屈心意。毕竟为君子者不拘小节，更不会记恨口舌，只有小人才会锱铢必较。但是，不论是老爷或是南剑，他们都只有孤身一人——双足健全的人来到跛子村，反会被当作跛子嗤笑。

南剑还记得，老爷有个习惯，每日早饭后都要舞剑。当官的时候他在府院中练剑，闲居的时候就在家院中的空地上练剑。即使阴天下雨、冬日飞雪，老爷也要练够两个时辰。夫人为这事没少劝诫他，但老爷依旧如故。

刚入府时，南剑以为老爷是英雄，所以必须练剑——老爷是从过军的，还是在远方敌国里当义军。后来做大官剿匪，老爷也经常戎装在身，握着利剑指挥平叛。这些事虽然南剑没有亲眼看到过，但细细观察了老爷虬筋乌青的大手后，南剑就能笃定，他的主人是一位武林高手。

直到后来老爷被皇上罢去官职成为平民后，南剑才彻底明白，老爷的剑其实不是给自己练的，是为大宋练的。然而，等年迈的老爷拄着木柄拐杖套重甲时，纵使是对国家大事毫无概念的南剑也看得出来，一切都晚了。

每当想到这里，南剑就会忍不住鼻子一酸，流下来几滴眼泪。他太怀念老爷了，有时夜深人静时，只要想起那些过往的事情，他都会不自觉地猛然回首，盼望能看到那位目光和善、身材高大的主人，笑吟吟地抚摸自己的脑袋，哪怕自己也正追随着老爷的步伐，走入了衰老的时期。

那段时间园中来了很多人，出外做事的几位少爷、出嫁的小姐都回来了，连带着他们的家人，冷清了多时的家园突然就这样热闹了起来，却没有人面带笑容，因为他们都知道：老爷快不行了。

这几天其实最为难熬：南剑几乎每天都在家中忙碌，为少爷、小姐、小公子们准备衣食住行，极少有时间能照顾老爷。老爷此刻已然病入膏肓，时常会痛得昏死过去。过府诊脉的郎中来了一拨又一拨，只知道摇头说“好生准备后事”，连张助眠的方子也不肯开——兴许他们知道老爷已经没什么积蓄了。夫人和小夫人们则每天都待在老爷房中服侍，生怕有什么闪失，寸步不敢离开，因此老爷房中经常传来女人们细碎的哭声。

所有人都很焦急，但究竟是为哪般急，南剑也很难一一说清。

那日凌晨，忍受病痛多时的老爷再次昏了过去，任谁都唤不醒。夫人和小夫人们哭得伤心欲绝，几位少爷、小姐也带着家眷冲了进去，跪倒在床前哭作一团。南剑当时正跪在一旁痛哭流涕，他等待老爷得解脱的这一天已经很久了，可真当上路的时刻到来时，南剑还是难以抑制那份依赖。

全家人就这样一直磨到当日黄昏。老爷仍旧躺在床上，一动也不动。大少爷当时跪在最前面，扯着老爷身上的送行被，哭声让人不忍听下去："父亲，孩儿们都回来了，您倒是睁眼啊！父亲，父亲，孩儿求您了，开眼再看看我们吧！"可他越是这样哭喊，老爷的脸色就越发煞白，似乎已经留不得了。

南剑当时心里难过极了，他也想唤老爷两声，让这位当年的恩人再好生瞧瞧自己——在南剑眼中，老爷和死去的父亲没有分别。可在少爷、小姐们面前，他始终只是府中的一个下人。

南剑决定铤而走险一次。

"老爷，金贼攻来了！"

全家人都被南剑突如其来的喊叫惊得停了下来，却不等他们发难，却见老爷口鼻中忽然"哼"地喷出一股浊气，紧闭多时的双眼终于再次费劲地睁开。他喘着粗气，一双大手左右抓捏，仿佛想要寻找什么利刃。

眼见父亲回光返照，大少爷激动莫名，急忙凑过去准备将他扶起，但老爷根本不理会儿子的关切，只顾找寻那柄利刃。

"杀贼，快杀贼！"老爷瞳孔里的光亮开始涣散，他竭尽全力将自己的上半身撑起来，用力拨开儿孙们接连盖上的送行被褥，瘦骨嶙峋的胸口竟然将衣襟的缝隙撑开了，毫无顾忌地裸露在外。他瞪着跪在床前的家人子女，突然怒火中烧，扬起臂膊，食指颤巍巍地指向北方：“你们都跪在这里做什么？还不快去杀金贼！”

“父亲啊，”二少爷泪流满面、悲伤莫名，捣蒜似的磕着头，“金贼都被阻在江北，孩儿们不愿弃父亲而去杀贼啊！”

“胡言什么?!”老爷怒道，残存的口水顺着干枯的胡子喷涌而出，“家国天下，岂是区区一条江！金贼未灭，你们还管我这个要死的老东西作甚！快去杀贼！”

教训完儿子，他又笨拙地把身子转向北面的那扇大窗。夫人想要过来搀扶，却被老爷挥手撵开。他直勾勾地瞪着北方，水天相交的地平面暗红遍野，似乎染尽了污血。天地之间，似乎正燃着乌黑的狼烟。

“金贼来了，快去杀贼……杀——贼——啊！”老爷对着那黑幕咆哮着，粗糙的大手死死地攥紧着，“杀贼啊——”

杀贼！杀贼！杀贼！

杀尽金贼，护佑大宋百姓！

杀尽金贼，光复祖宗陵寝！

杀尽金贼，还我大好河山！

“杀贼！杀贼！杀贼啊！”昏黄的日暮时分，老爷最后的怒吼惊动了周围林中小憩的飞鸟。它们在惊惧中飞身而起，在寝屋的上空结队盘旋，仿佛在为即将谢幕的绝世英雄送别。

南宋宁宗开禧三年（1207 年）秋季，前枢密院都承旨辛弃疾病逝，时年 68 岁。

第二节
天赐辛良臣

西方艺术史上，最奇美的作品是断臂的维纳斯——因为缺陷，所以美得惊人，美得独一无二。大宋的美，正与维纳斯的断臂有着异曲同工之妙：它缺少了秦汉的盛气凌人，摒弃了盛唐的飞天欢歌。它缺乏淮阴卫霍那般的绝世战神，却诞生了杨家将、折家将、狄家将、种家将这样的军事家族；没有萧何、张良、房玄龄、杜如晦这些名垂青史的名臣，却有寇准、韩琦、石介、富弼等一大批素质奇高的政治专家；没有贾谊、司马相如、大小李杜这类空前绝后的文豪，却有欧阳修、司马光、王安石、三苏这样一代代薪火相传的文坛巨擘。四大发明中，有三项在宋朝被发扬光大，与其同时到来的是令人瞠目结舌的工业水准和城镇化规模。更有甚者断定，如果偏要说隋唐才是封建社会的巅峰，那么宋朝就是古代中国的极致。

它的文艺是那么地收放自如——先秦散文在南北朝走向没落，到了宋朝重焕青春；绘画被汉唐大家淘尽了创意，在宋朝又再次突破；甚至连唐人眼中上不了台面的填词小曲，也被宋朝赋予了新的生命。

填词技艺早已有之，并非宋朝的创造，然纵观前后500年，只有宋朝曾让词作的光辉一度压过诗歌；柳永、张先、晏殊、秦观、苏轼、周邦彦、范仲淹，他们写文作诗之余，无一不是填词的高手，词作之高深，甚至足以让后世500年的文人都汗颜不止，即便“最后一位词人”纳兰性德，也难以与他们比肩。

然而，尚有一个尴尬的现实摆在眼前：这些震古烁今的填词大家，不仅都是文臣，而且无一例外地都属于北宋。在刻意吹捧的同时，人们似乎有心忽视掉了那个比北宋弱小太多却同样拥有150余年生命的南宋。因为一想到它，我们就很容易将它和丧权辱国、卖国求荣、杀戮忠良、俯首称臣这些负面的词汇联系到一起；而事实上，它确实是这样的。

然而，三个人的出现，使这个风雨飘摇的另一半宋朝，拥有了前所未有的气节和伟岸，最终成为华夏民族的脊梁。

第一个人是岳飞，理由应该很明显。

第二个人是文天祥，他用一首《正气歌》为华夏子孙铸就了永远的丰碑。

第三个人，就是我们的主人公辛弃疾。他的出现，让素来被人诟病不断的南宋文坛终于显出了自己的铮铮铁骨。

辛弃疾出生前，北宋就以极度耻辱的方式宣告灭亡。他出生在金国占据下的山东。所以，至少在这时，辛弃疾不仅不是南宋的臣子和脊梁，而且是它的敌人——金国的臣民，甚至连抚养他长大成人的祖父，也是接受金国封绶的官吏。

当身边的好友选择了兵强马壮的女真族时，辛弃疾却义无反顾地掉头南下，投向从未养育过自己的父母之邦大宋。

这个选择并没有艰难的地方：辛弃疾痛恨出生前就夺去他宋人身份的金国，并且恨之入骨。这份随着血统和家教而来的恨意终身伴随于辛弃疾，潜移默化地左右了他的一生，甚至影响到他的创作思维。

辛弃疾的词是与众不同的：时而婉转动听，时而清新别致；时而沉郁悲怆，时而豪迈雄浑。他的词作往往深嵌了自己的人生，却又不完全只有自己。他从懂事起就抱定了匡扶天下、收复故土的憧憬，但其命运却又大起大落，连遭磨难。自身的际遇加之现实的瞬息万变，令辛弃疾变得无比坚强和沉重。

然而，当辛弃疾持剑上阵、驰骋沙场时，他的人生就不能只局限在“词作家”这个相对狭小的框架中了。他不仅是文坛巨匠，更是治世之能臣、乱世之忠臣、万军之良将。他文采飞扬，却又不只是擅长填词。他不仅精忠报国投效南宋，还能德才兼备造福百姓。他像所有豪放派的文人们一样，对战场有着旁辈难以理解的热衷和情感，且是真正拥有将才和武力的一员骁将。然而，命运和时代却和他开了一个大大的玩笑，让这位本有能力名垂青史的爱国将领，反倒做了文坛中那颗闪耀近千年的明星。而后，又在他垂垂老矣、功名尽没之际，才将他实现人生理想的机会拱手奉上，结果毫不留情地撕碎了他对生命的最后一丝眷恋。

因为这些缘由，辛弃疾的苦与痛从来都无法被人感同身受。正如他在那首流芳千古的《破阵子》中所唱的那般："了却君王天下事，赢得生前身后名。可怜白发生！"

一句"可怜白发生"，难道就是这位词家仅有的绝唱？他所怜惜的，又岂会是只有自己？答案显而易见——辛弃疾的故事，注定不会这般简单。

第二章

几向求索，南向报国

时光如梭，辛弃疾很快就成长起来，进入了自己的青春期。比起幼年时的懵懵懂懂，现在的他已经变得更加成熟和坚强。

第一节
幼年启蒙，光复神州

黄河，世界第五大河，发源自海拔 4200 米以上的青海高原，获此天命而注定不凡。从人迹罕至、天寒地冻的巴颜喀拉山脉开始，她一路向东，百折千回，以大自然赋予的力量逐渐汇聚，雄浑、伟岸而雄奇。她一弯而成河套平原，造就塞上江南的繁荣富饶，再弯而出龙门天险，以不可阻挡的气势直泻下游。在经历了高原的萌动、河套的平静、陕晋的约束、河洛的奔腾之后，黄河走进她在华夏大陆的最后一站——山东。

黄河自古贯穿山东全省，其中济南北段的河道古名济水，济南城由此得名。从西晋重新统一中华之后，500 年中济南始终被当作整个齐州的治所。到北宋徽宗政和六年（1116 年），朝廷更是直接将齐州改名为济南府。

秉承着自春秋而来的人文气质，浸润着七十二名泉的自然景观，济南城钟灵毓秀、人杰地灵。而正是在这样的黄河畔、正是在这样的城市旁，诞生了南宋一代豪放派词家大师——辛弃疾。

南宋高宗绍兴十年（1140年）五月，人间自此有了辛弃疾。

辛弃疾出生于四风闸村，这个村子至今尚在（位于济南市历城区），当时距离历城县也只有20多里。四风闸村原来叫四横闸村，从字面上看，这个村子应该是历城小清河上一处重要的闸口。直到今天，小清河依然带着旺盛的生命力，从村北缓缓流过。

辛弃疾出生时，他的家族就在这里依山傍水而居，有着郁郁葱葱的花木庭院、风景宜人的幽雅居所，诗书耕读，生活安定。

虽然这里早已知名于史——被《隋唐演义》一遍遍描摹的秦琼，同样也是这片土地养育的男儿——但若在1140年的历城县外驻足探听，就知当地名门中赫然有着辛氏在列。

辛家始祖是辛维叶，在唐代时便担任过大理寺评事，后来整个家族从原籍陇西狄道（今甘肃临洮）迁到济南。而高祖辛师占，则担任过朝廷的儒林郎；曾祖父辛寂，是滨州司户参军的官员；祖父辛赞，担任朝散大夫、陇西郡开国男，做过亳州谯县县令和开封府知府；父亲辛文郁，则受赠过中散大夫。

从祖父开始，辛家的仕途出现了微妙的变化，而这种变化的缘由则早在辛弃疾出生前13年就开始了。

1127年，北宋钦宗靖康二年，北来的金兵踏破开封，掳走徽宗、钦宗和大量皇室成员，北宋灭亡。康王赵构逃到河南商丘，宣布即位，南宋登上历史舞台。第二年，赵构任命刘豫担任济南知府。但刘豫到任后马上接受金人的条件，杀害守将关胜，然后宣布投降金兵。

骤变猝至，全城惊悚，辛赞此时也在家中，猝不及防之下，无法举家南逃，只得滞留济南。由于背负了整个家族的安全，他只能接受金人的委任，先后在宿州、亳州、沂州、海州担任官职。

然而，这样的仕途始终并非辛赞的初衷，对故国的眷恋也总是萦绕心头，无法释怀。因此，孙子辛弃疾带给他的不仅是喜悦和安慰，更带来了对家族未来雪耻复兴的希望。正因为此，辛赞仿照汉时留下“匈奴未灭，何以家为”名句的霍去病，为这个初生的婴儿起名，唤作“弃疾”。

辛弃疾三岁时，父亲辛文郁不幸撒手人寰。至此开始，辛赞就亲自担负起对孙儿的抚养义务。他将小弃疾带在身边，游宦各地。在这种书香门第的背景下，加上祖父的渊源家学，辛弃疾从记事开始就受到浓郁的传统文化的教育影响，同时也产生了强烈的民族意识。

辛弃疾跟着祖父读书识字，从最早的幼学启蒙开始，稍长一点则读六经、诸子，其中尤以《史记》《汉书》等为重，而那些历史上赫赫有名的君臣名人，他们的本纪、列传更是做到耳熟能详、融会贯通。

辛赞这样向辛弃疾强调背诵经典的重要性，他说，想要明了世事，就必须要先熟读史书，而只有熟读史书，才能更加明了世事背后的道理，最终达到“通古今之变，知兴废之由”的境界。

冬季初雪的一天，辛赞让刚刚晨练完毕的弃疾背诵太史公司马迁的《报任安书》，然后特别让他解释这段话："人固有一死，或重于泰山，或轻于鸿毛，用之所趋异也。"

弃疾立刻严肃起来，认真地解释说："太史公这段话就是说，每个人都会死，但死去的价值是不同的。如果能够为朝廷社稷、苍生百姓而死，那么死得就比泰山还要重。如果是为了一己私利死去，那就比鸿毛还轻。"

辛赞摸着胡须，看着眼前惹人心疼、聪明伶俐的孙儿，似乎看到一位将来英武纵横的伟丈夫。他顿了一顿，又问道："弃疾，我且问你，近世之中，谁人之死可算重于泰山，谁人之死又算轻于鸿毛呢？"

弃疾毫不迟疑，两眼炯然有神，带点稚气的童声穿透屋内清寒的空气，"岳飞将军，为复国北伐，救民于水火之中，不幸被奸臣秦桧所害，死于风波亭上，可算是重于泰山；而秦桧一干人等，陷害忠良，自毁长城，将来死了，也只能说死有余辜，比鸿毛还要轻微！"

"说得好！"辛赞击掌而赞。这位老人从来治学严谨、为人古朴，轻易不会当面称许晚辈，但有感于辛弃疾年纪尚幼就能这样深明大义，还是忍不住夸了一次。

终究是孩子天性，被夸了一句的辛弃疾立刻高兴起来，爬到爷爷的膝上，顽皮地摸着辛赞的胡须末端说："爷爷，你不是说，要带我去城外千佛山观景玩耍吗？"

这句话提醒了辛赞，他想到，孙子每天都在成长，是时候带他出去饱览山河的壮丽景色了。

过了几日，天气晴朗，原本刺骨的寒风也收敛了许多。在家人的陪伴下，辛赞带着辛弃疾来到城南的千佛山。这座山在历史上便是济南的三大名胜，虽然不高，但来头却不小。辛赞心情很好，也不觉得疲惫，便将千佛山的来历一一告诉辛弃疾：这座山原来名叫历山，在隋文帝开皇年间，山上的僧人用辛苦化缘得来的钱，雇请了数十名工匠，在稍微平整的山壁处开凿了近千个佛像，故此名叫千佛山。

说着此山的典故，一行人也登上了山顶。辛弃疾还是第一次从高处观看济南城，于是兴奋地拉着爷爷，凭空指点着眼前的风景："您看，那里是大明湖，那里是我们的小清河……"

等辛弃疾的好奇劲头过去，辛赞问他说："千佛山好玩吗？"

"好玩，真高。"

"是啊，千佛山是济南城的名胜。不过，比这里好玩的名山大川多得是。西蜀峨眉、中原嵩山、朔方太行，还有我们齐鲁大地的泰山，原来都是咱们大宋的美好江山。可惜，现在山河破碎、神州陆沉，空余南北分裂，残山剩水都成了爷爷眼前的悲色啊。"

辛赞的表情越来越凝重，话语也低沉下去。

"爷爷，您不需烦恼。等我长大了，总有一天和大家光复神州，收回大宋江山！"辛弃疾握紧拳头说道。这一说，竟将随从们吓得四下张望，生怕有人听见，毕竟济南还是金国的势力范围。

"嗯，好孩子，有志气。那你现在要做的，是努力练文习武，以后才能报效大宋。"辛赞并不吃惊，他早就盼望辛弃疾有这样的雄心壮志。

新年在爆竹声中匆匆度过了。

第二年，辛弃疾年满八岁，辛赞也接到了官府的起用调令，让他去任开封府。对于尚未出过远门的辛弃疾来说，这是一次更加难忘的经历。

开封原本是北宋的都城，对经历了时代剧变的辛赞而言，这座城市至今让他有无法抹去的痛楚回忆。路途上，他便向小弃疾说起开封当年的辉煌和美丽。

那座城市，早在战国时期的魏国就已是名动天下的中原名城。此后经过五代的梁、唐、晋、汉、周，直到太祖皇帝赵匡胤黄袍加身，开封都是都城，因此是当之无愧的六朝古都。

那座城市街道整齐而纵横，城中贯穿三条宽阔御街，分为南、东、西三个方向，在皇城以南呈“丁”字形设计。而城外更有汴河、金水河、武大河、蔡河缓缓流淌，为城市带来更多流动的生机。这些河流之上有桥梁三十余座，其中桥身全为石制的州桥最为著名。

那座城市人口有上百万之巨，是华夏最繁华的城市。一年四季，集市人声鼎沸，街道车水马龙，王公大臣和平民百姓在茶馆酒肆内错综相间，贩夫走卒和文人墨客在勾栏瓦肆里不分彼此，这让开封府成为最难管理的城市。也正因如此，开封府平均不到一年就要更换一名知府大人。

这些熟悉却又遥远的景象，让年幼的辛弃疾已然听得沉醉其中。时间很快就过去了，原本乏味无趣的旅途，被爷爷那绘声绘色的描述填补得美好充实。

然而，开封府真正映入眼帘的时候，给小弃疾带来很大的冲击。

经历过多次战火洗礼、军队洗劫的开封府，像一切遭受过劫难的名城那样，不复往昔美好景色。小弃疾攀在马车的车窗上向外看去，只看得见街道上冷清如水，三两百姓衣衫破旧地踟蹰而行，动辄还有断壁残垣映入他睁大的双眼中。

这一切，都无声地向辛弃疾诉说着开封城经历过的一切。

马车在城内向北前行，过了陈州门，便来到北宋曾经的离宫旁。辛赞叫停了车夫，带着辛弃疾下车，步履沉重地走进当年的禁中。这里有一弯池水，依然碧绿，但池水旁的树木却早已无人打理，残花落叶散落一地，再看池水旁那些亭台楼阁，已是灰尘满布、无处入座。

目睹此情此景，辛赞黯然神伤，指着身旁的一株株树木对孙儿说道："弃疾，这是当年皇上最喜欢的红木犀，是宁波象山进贡的佳品，一到三秋时节绽放，香气四散，禁苑外的百姓们也都沉醉馨香、不觉叫好。现在物是人非，国家面目不堪，可痛可痛啊！"

辛弃疾看着爷爷指的方向，红木犀无言站立，冷冷地面对自己，又似乎在问着："这是怎么了？这是怎么了？"

这问话的声音越来越大，让辛弃疾不由自主地将头深深埋进爷爷的怀里，泪水在眼眶中直打转，但坚强的男孩强忍着没有让它们滚落下来。在他幼小的心灵中，此时真正埋下了未来复兴中原的志向。

40 多年之后，辛弃疾写下一首《声声慢·赋红木犀》回忆这段童年中影响深刻的旅行。在词前的小序中，他这样写道：“余儿时尝入京师禁中凝碧池，因书当时所见。”

词曰：

开元盛日，天上栽花，月殿桂影重重。十里芬芳，一枝金粟玲珑。管弦凝碧池上，记当时、风月愁侬。翠华远，但江南草木，烟锁深宫。

只为天姿冷淡，被西风酝酿，彻骨香浓。枉学丹蕉，叶展偷染妖红。道人取次装束，是自家、香底家风。又怕是，为凄凉、长在醉中。

第二节
亳州城外，拜名师

时光如梭，辛弃疾很快就成长起来，进入了自己的青春期。比起幼年时的懵懵懂懂，现在的他已经变得更加成熟和坚强。

这一切不仅和辛赞的教育有关，也和辛弃疾身边的成长环境有关。

后来的辛弃疾曾经这样说道："山东之民，劲勇而喜乱。"这种彪悍的民风，在历城县却又和儒雅之风相互渗透影响，成为当地独特的风范。比如，历城县百姓无论贫富，大多崇尚学业，同时也将农桑生产看作正业，子弟们喜爱读书的同时，又都好勇顽强，讲究气节。这样的民风对正在成长中的辛弃疾产生了深远的影响。

当辛弃疾 14 岁时，爷爷辛赞发现，他不仅长得一表人才，身材比起之前也魁梧起来。而和幼年不变的是，他议论问题时经常切中要害，引发他人思索。

看着日渐成长的孙儿，辛赞暗自决定，是时候让他拜名师学习了。

其实，辛弃疾从幼年开始就刻苦学习，加上辛赞悉心教导，此时他的知识储备早已经超过同龄人。正是这一年，他乡试中选，在当地已经崭露头角。

但辛赞希望，弃疾能够跟从更多的老师学习，掌握更丰富的知识，养成更开阔的胸襟。也正因如此，对老师的选择，成了辛赞慎而又慎的事情。

不久之后，辛赞果然选到了名师。

这天，辛赞将弃疾唤到面前，缓缓说道："弃疾，你年方十四，正是跟随名师学习的好时机。我在谯县为官时，有幸认识位高人，姓刘，名讳叫作瞻，字岩老，他又自号樱宁居士。这位老先生饱读经书，又善于诗文，我最喜欢他诗文的野逸趣味，比如'厨香炊豆角，井臭落椿花'。这样的句子，也是传诵一时的名句。现在这位老先生家口众多，也没有南迁，正留在亳州。他每天闭门高卧，不见闲人，只是吟诗作赋，逃避世事。如果你能跟从他学习，不论是学识上还是人品上，自然会有更高的境界啊!"

辛弃疾看到自己一直崇拜的爷爷如此看重刘老先生，内心中不由得肃然起敬，便连连点头，表示愿意拜师。

过了几日，辛赞便准备了几样礼物，带上辛弃疾，在家人的随从下，南下来到了亳州城外刘瞻的宅院拜访。

刘瞻听到通报，知是故人前来，连忙出大门迎接。宾主双方见面后引入内室，品茶寒暄已毕，话题自然延伸到当下的时局。

辛赞说："记得去年十月，好战的都元帅完颜兀术暴毙，当时我额手称庆，以为是上天要垂怜百姓。哪知道到了今年三月，完颜亶（金熙宗）居然将另一个好战的完颜亮升成太保、领三省事。听朝内中人的消息说，这人恐怕比兀术还要凶残，而且野心勃勃，想要并吞南朝，一举囊括全天下。”

刘瞻深有同感：“是啊，愚兄虽然身处山野，但离南方毕竟近一些。听说国朝那边，秦桧这个奸相老儿依旧把持朝政，这两年更是把自己的外甥养子秦熺也推了上去，做了知枢密院事的差事。当今被蒙蔽试听不说，又存着私意不敢迎回二圣，一心倚重奸相。他们更是有恃无恐、操弄朝政，将朝廷搞得是昏天黑地。大小官员们因为有岳元帅的前车之鉴，或者只能有心无力，或者敢怒不敢言，更多的人醉生梦死，天天泛舟西湖不思进取。这样看来，只怕你我是很难看到神州光复的那天了。”

说到这里，两人相顾无言，一旁侍立的辛弃疾眼中也燃起了愤怒的火焰。

半晌，辛赞望着刘瞻说：“仁兄，你和我不同，我已经老大无成，而且身在金国为官，这一辈子恐怕难以洗清了。兄台学识渊博，前两年中了进士，却始终不愿意出山，如此隐居山林，是百姓和天下的遗憾啊！”

刘瞻苦笑着说：“辛家贤弟，你说的何尝不是我心中曾想过的？但朝廷昏暗，奸相当权，而金人更是动辄起兵南下挑起战火。纵然我出山，获取功名，又如何去做事拯救百姓？圣人云：‘有道则现，无道则隐。’又云：‘达则兼济天下，穷则独善其身。’我也只想如此做一辈子隐士了。不过，倘若能择贤才而教导，也算是不辜负我胸中的志向和才华了。”

话说到这里，辛赞连忙说道："仁兄有此想法，正说到我的心里了。我带来的这位年轻人，正是膝下孙儿，名唤弃疾。他父亲早逝，是故一直跟我游仕各地。三岁起读书，八九岁便能背得《史记》《汉书》里的名篇。今年是中了乡试的，愚弟想请仁兄做他的授业恩师，让他追随仁兄左右。倘若他日学有所成，能够报效大宋，也算是寄托了我们兄弟俩的一番心意，不枉费我们的苦心。"

话音刚落，辛弃疾已经走到刘瞻面前再拜行礼。刘瞻扶起辛弃疾，仔细端详，抖动着花白胡须笑着说："果然是陇西世家的子弟。辛家贤弟，令孙目光炯炯，红颊青眼，肤硕体壮，行动如虎。简直和贤弟的精神一般无二。我看，日后前途无量。好！我自然应当收下这样的学生！"

辛赞喜出望外，连连道谢。辛弃疾又当即行了大礼拜师。此后几日，辛赞带着弃疾跟随刘瞻在亳州附近看了看山水景色，游览了几处知名古迹。由于尚有公务，辛赞便辞别了刘瞻，又嘱咐辛弃疾一定要尊师学道，切莫耽误大好前程。辛弃疾也是第一次和爷爷分别，虽有不舍，但还是将辛赞的嘱托牢记在心中。

自此之后，辛弃疾便全身心跟随刘瞻先生学习典籍经纶、诸子百家，闲暇时便阅览汉赋唐诗，从古人的文字中吸取做人的道理，熟悉世间的人情。读书之外，辛弃疾也不肯放松锻炼自己的身体，经常和刘家庄园里的农户学做农活，又坚持每天清晨起来练习自幼就学习的剑术武艺。

对于辛弃疾的进步，刘瞻看在眼里，喜在心中，越发认定他将来是不可多得的人才，也不由得加紧了对他的教育。

刘瞻开帐授徒，并不只为八股科举而上课，更看重的是对士子文人的全面教育。因此，刘先生讲课，总是先从上古典籍《诗经》说起。先和学生们研究讨论诗歌的来由，然后举出诗歌中的“六义”，再比较《诗经》三家版本的不同，尤其精通《毛诗》的评注。在解说《毛诗》时，刘瞻解说《国风》，则必然先要从当时的民风民俗、政治历史说起，时而博古，时而喻今，话题深入浅出且娓娓道来，令人深受启发。辛弃疾听课常常如痴如醉、乐在其中。有时候，他也将刘先生对诗歌的讲解和祖父做比较，发现刘先生的见解有时候更加细致和深刻，这或许和两人的心态、经历不同有关。

在刘瞻门下，辛弃疾收获的不仅有知识，也有少年求学过程中难忘的一段友情。

原来，从刘瞻收下辛弃疾为徒之后不久，他授徒开课的消息便不胫而走。远近的家族大宅听说后都欢声雷动，纷纷将子弟送到刘瞻这里接受教诲。当时，和辛弃疾一同求学的还有山东泰安人党怀英。

党怀英比辛弃疾大六岁，也是名门之后，其先祖是在北宋做过太尉的党进，原籍冯翊（今陕西大荔）。其父名讳党纯睦，以从仕郎进入仕途，后来做到泰安军录事参军，不幸在职身故，于是一家人就此居住在泰安。

泰安和历城相距甚近，中间只隔了东岳泰山，他们又都是异地求学，因此也算作同乡，加上党怀英气度出众、学问过人，辛弃疾和他很快便成为好友，都以气节自命而志存高远。由于两人过从甚密，同学们便将他俩称为“辛党”，这两人也不以为意，乐得被相提并论。

第三节
辛苦寻访，早识愁

求学的数年中，辛弃疾在亳州并非足不出户。有时，他感觉学有所成或者身心疲惫，便会和刘先生请假，出远门拜访士人、观赏名胜，这也正应了古人“读万卷书，行万里路”的教诲。

一次，辛弃疾听说有位擅长作词的蔡松年先生在靖康之乱后无法南渡而留在金国，便向刘先生请假，带上自己的诗词，兴冲冲地踏上了寻访前辈的路途。

风餐露宿，辛苦寻访，辛弃疾不以为意，始终憧憬着见到蔡先生之后的收获。几经周折他终于见到了这位传说中的词坛前辈。

可是，直到迈入蔡家府邸那朱红色的大门后，辛弃疾才逐渐清楚，蔡先生的声名威望可不止“词坛前辈”那样简单。

蔡府的家人们有意无意地向这位远道而来的年轻人炫耀说，蔡先生少年时跟随父亲在燕山附近防守，宋军败绩，便跟随父亲归顺了金国。后来一直官运亨通，做过完颜兀术军中的“总六部事”，听说近日又要升为右丞相。

辛弃疾顿时感到些许沮丧，看来这位蔡先生和祖父、刘先生他们不同，是个完全愿意为金人卖命的书生。想到这里，辛弃疾差点掉头而走。但转念一想，刘先生曾教导过他，年轻人应该戒骄戒躁而有君子之风，既然来到这里，就应该先仔细看看蔡先生究竟是何许人物，再走也不迟。

想到这里，辛弃疾便打定主意，肃然立在中堂，静待家人请蔡先生出来。

半晌，蔡先生才从后堂走了出来。他面色并不光润，看上去倒有几分愁容。辛弃疾上前行礼，他也只是略微一点头，便坐在中堂主位上，不愿抬眼睛。过了一会儿，他才悠然问道："你便是辛赞的孙子辛弃疾？"

辛弃疾说："正是小子。小子自幼崇慕蔡先生行词填作之神韵，故今日特地带着小子的涂抹之作来拜望蔡先生，还望先生海涵。"

蔡先生摇摇头说："诗词恐怕不是那么简单好作的。我自幼刻意追求山林生活，不喜欢什么俗事，落得个善于诗词的虚名。其实谁又知道现在背负着怎样的痛楚？"

辛弃疾隐约感到，这位蔡先生的愁容并非无端而来，听他的言语，似乎对今天的生活并不适意。他试探地说道："先生诗词负有盛名，尤其是《念奴娇》中'笑人生佳处，能消何物。夷甫当年成底事，空想岩岩青壁'真是佳句，读来隽爽非常。何况先生能够为官出仕，治理天下，真是我等晚辈应该学习的贤达。”

“哈哈，年轻人，你恐怕还不懂我的心思。”蔡松年似乎被说中心思，不觉吐露心声道：“看起来，我是身居高位，受到宠信任用，但实际上终究是身受宠而神受辱，这又哪里是我本心？”

“小子愚钝，不知先生何出此言？”

“辛家贤侄，令祖父也受着完颜皇帝的俸禄，你又何必非要追问于我呢？”

辛弃疾这才断定，即使有蔡先生这样的地位，在金国的统治体系内，人也依然是没有心灵的归宿。这更让他心中升起对天下重新统一的渴望，更让他想要为大宋的复兴而努力。

但此时不容多想，辛弃疾趁着蔡先生来了谈兴，奉上自己的诗词，请他指点一二。

中堂里一片寂静，只有蔡先生翻阅诗文集册时沙沙的纸声。他阅读的节奏似乎很独特，有时在一页纸张上停留半天，高兴起来口中念念有词，摇头晃脑，手里打着节拍，偶尔还会哼唱出曲调。有时，他却又翻页如飞，甚至让辛弃疾怀疑他根本就没有阅读。

一炷香的工夫后，蔡先生放下手中的小册子，露出了从一开始就没有绽放过的笑容。他对辛弃疾语重心长地说道：“贤侄，你的诗文写得不算顶尖，将来若想靠诗做个名家，恐怕有所阻碍。无他，毕竟太白、少陵之后，山仞顿生万尺，后世自然再难有登峰者，便是文忠公、王荆公二人也难以与仙圣比肩。不过，你的词比诗要优秀得多，既含吾师大苏之风流，又得晏殊之婉转。他日，你一定会靠词成就一代风流。好好努力吧!”

蔡先生这么快便看出了自己的实力，这让辛弃疾感到有些许意外，不由得发自内心地服膺。

随后，蔡松年又重新拿起辛弃疾的词作，逐篇指点了一番，从词作的用字、用典，到整体的气韵、风味，都提出了自己的意见和看法。辛弃疾如饥似渴地听着，感觉能够得到这样的指点是多么的不容易。

两人谈论着词作，天色不觉将晚，看得出来，蔡先生也很久没有这样投入地畅谈文字了。他热情地让辛弃疾在府中用饭、留宿，辛弃疾也巴不得多盘桓一会儿，以便得到更多的指教。就这样，辛弃疾在蔡府中一连住了好几日，想到不便久留而打扰蔡先生，才依依惜别地拜辞而去。

临走时，蔡松年带着爱才的殷殷期望，对辛弃疾这样说道：“弃疾贤侄，你不顾路途遥远来请教诗词，可见对这方面用心之深。不过，北方的时局，我不说恐怕你也清楚。有朝一日，你还是应该多做打算，换一个更适合吟诗作词的居处为好啊!”

辛弃疾明白，以蔡先生的身份立场，说出这样的话，是对自己最大的爱护，也是再明确不过的暗示。他想到这些身陷金国的老先生，无一不有自己的难处，无一不心怀故国，一时心怀起伏，连连行礼而去。

回到亳州后，刘瞻听完辛弃疾的转述，也感慨地说道：“蔡先生是性情之人，能诗善词，词风出自苏轼大学之门。你的词作既然受到他夸奖，加上有幸跟随他学了这几日，将来词力一定大进。只是目下离乱之世，蔡先生的愁绪，也正是士子们都无法避免的国恨家仇啊。”

次日凌晨，天刚刚微亮，庭院里一片寂静。刘瞻年纪稍大，醒来得较早，忽然听见院中有腾越作响的声音，忽远忽近，风声飒飒。他觉得奇怪，便披起衣服，在薄寒中走到窗边向院子里探望。原来隐隐的晨霭中，有人正在舞剑，一招一式迅疾到位，时而如雄鹰展翅，时而似鹞子翻身，时而像蛟龙划过水面，时而如猛虎掠出山林。老先生再注目观望，原来正是辛弃疾在早起练剑，但见他剑锋所到，白光阵阵，而步伐却丝毫不乱。

刘瞻年少时，也爱研习些剑法，因此静静等辛弃疾一趟练完，才开门步入庭院。辛弃疾觉得自己惊动了老师，不觉有些歉意，上前施礼。刘瞻摆摆手说：“无碍。不过，你为何今天起来这么早练习剑法？”

辛弃疾说：“先生，这几日我满心想见到蔡先生有所学习，路途上剑法练习有所生疏，因此回来才急于练习，却打扰了您。”

刘瞻说：“这正是好男儿所为，继续练吧，文能安邦武能定国，这才是人中之杰。也只有这样，才能不走我等走过的路。只是要注意劳逸张弛，不要太过疲劳。”

辛弃疾领命退下，继续练习剑法。

就这样，在研习精进的学业生涯中，伴随着些许少年时就领略到的家国之愁，辛弃疾走进了 15 岁。此时，让他迈向更遥远北方的机会，正在向他走来。

第四节
赴燕京，激荡心弦

宋高宗绍兴二十三年（1153 年）年底，辛弃疾在刘瞻那里学习已经快满一年了。岁末时节，刘瞻将他和党怀英叫到面前，同他们谈论起科举的事情来。

刘瞻说："这里学生虽多，但此次科考，最应该北上应试的，莫过于你们两个。说起北朝的科举，早在 30 年前便已经开始，原先是采用南北不同的科选，还有经义、词赋的科目，后来朝廷又下令诸色人等在一起科考。前两年，南北科选已经合二为一，并且不再用经义、策论，只是用词赋取士。想要考到进士、举人，需要通过乡试、府试、会试、殿试四关，才算作及第，授予官职。"

看两人听得认真，刘瞻又继续说道："你们二人去年已经通过了济南府和东平府的府试，今年开春，就应当同赴燕京，参加正月二十日的会试了吧。"

党怀英连忙说道："先生明鉴，我已经早做准备，打算即日就要出发的。"

辛弃疾却多少有点不以为然，"先生，我并不打算在北朝为官，要考这个会试又有何用?"

刘瞻早就明白辛弃疾的心思，但他希望帮助这位爱徒换一个角度来看待科考，于是循循善诱道："弃疾，你愿意在北朝为官也罢，不愿意也罢，终是要对北朝情形了解透彻才能做下一步定夺。你不妨仔细想想其中的道理。"

辛弃疾听老师这么说，沉默不语，忽然想明白了其中的道理，便立刻转变了态度，"党兄，我们不妨结伴而行。"

党怀英高兴地说："能有贤弟相伴赴京赶考，真是一大乐事。不过贤弟为何这么快就想通透了?"

辛弃疾笑道："我明白老师的意思了——考得上，自然是不会去做官；考不上，正好当作侦探虚实!"

党怀英吓得直摇头，说："贤弟，怎能这样想？我们是去科考为官，不是要去造反啊!"

刘瞻看看面前这两个年轻人，笑眯眯地说："人各有志，人各有志啊!"听见老师这样说，党怀英便也不再多说，只是用狐疑的眼神看看辛弃疾，而辛弃疾的思绪却已经飞到了遥远的燕京。

数天之后，正是十二月中旬，两人从亳州出发，先回到济南，然后带上家仆，乘坐马匹，向北而去，目标是金中都燕京。

随着路程向北延伸，天气变得越发寒冷，举目所及，树木凋零，田园也不复夏时的葱绿，倒让人生出萧瑟荒芜的感触来。在广袤的平原上，零落的村庄之间，常常看到一些衣不蔽体的村民，在寒风中瑟瑟发抖地前行。天空中，时常有鸦群集散而过，又有秃鹫、老鹰呼啸盘旋，不时发出凄凉尖厉的叫声，让闻者悚然。

忽然，两个跟随的家仆异口同声地叫起来："那是什么？"

辛弃疾和党怀英顺着他们俩手指的方向望去，只见一群乌鸦正贪婪地围着一堆东西埋首撕咬着。仔细一看，原来是一具无名尸体，大约是冻饿而死的，此时早已面目全非，看上去令人触目惊心。

辛弃疾看了看早已呆了的党怀英，冷冷地说道："党兄，不知道你若中了举，且要如何为北朝治理地方，给百姓们一点希冀呢？"

党怀英不知道如何回答，只好继续向北。

一路上，这样的情境不止一次出现，让辛弃疾感到心情沉重。他想到自从神州沦陷后，到今天已有 20 多年，父老乡亲们在铁蹄下生存不易，日夜盼望南宋朝廷能够派兵北上，拯救民众于水火之中。然而，这样的希望却一次次落空，年复一年，日复一日，始终看不到北上的王师，看不到旧时的生机勃勃。

奔波一路，两人好不容易来到个集镇，在这里找到家旅馆住下。两人安顿完毕，出去用饭，刚在桌旁坐定，却见身旁的桌边有位喝醉的老书生，正愤恨地念着诗句。

两人仔细聆听，原来老书生念叨的是这首诗："山外青山楼外楼，西湖歌舞几时休？暖风熏得游人醉，直把杭州作汴州！"

看到有年轻人望向自己，老书生也不掩饰，眯缝着醉眼哈哈一乐，说："小伙子，我念的是南边传来的一首诗，好诗啊，好诗！那个糊涂的赵构，那些无用的官僚！骂得痛快！哈哈哈……"

老书生的声音越来越微弱，身体也逐渐瘫软下去，趴在桌上昏睡过去。

党怀英摇摇头说："贤弟，南北分裂，你我只是一介书生，焉能只手补天？再者南朝暗弱，已经众人皆知，读书人只有知天命、尽人事，走这条科举的道路，才能拯救百姓，以待将来。所以我是一定要博取功名，为官一方的。至于贤弟你，就算不想做官，也不妨经此长长见识，观察形势。"

辛弃疾说："仁兄说的倒恰中我的心事。希望仁兄这次能高中，对百姓来说，也未尝不是件好事。"

是夜无话，第二日，一行人又匆匆踏上北上之路。

1154 年的正月，他们终于来到了燕京城下。抬头望着高耸的城门，辛弃疾思绪起伏，浮想联翩。

燕京，在历史上是辽国陪都，当时又叫作南京。宋徽宗宣和四年（1122 年），兴起的金军攻辽，夺下燕京，将之改名为燕山府。一直到三年前（1151 年），金国统治者决定迁都燕京，正是在燕山府的基础上，仿照当年北宋都城汴京城的规格，动用民力，建造新都。听说，由于工程浩大，总共在华北征调了工匠、民夫共百万人，直到 1153 年才宣布正式竣工。

现在，呈现于一行人面前的，就是这座巍峨雄伟的金国新都。

整个新都分为大城、皇城和宫城三重，大城呈正方形，四面各开三座城门，共 12 座城门拱卫四方。也正是 1153 年竣工之后，金主完颜亮率领文武大臣，从原来的上京会宁府正式迁都到燕京。之所以会有这个举动，显然是打算完成统治中心的南移，好进一步控制原来属于大宋的黄河地区。

在此时的辛弃疾和党怀英眼中，燕京城的气派和规模的确远远超过他们的想象，绝不是曾经游历过的那些寻常城市可以相比的。这个城市一扫他们多日来路途上的阴暗情绪，用热闹非凡、人声鼎沸的面貌，欢迎着他们的到来。

两人找到一家还算安静的邸店住了下来，这里的伙计也显然比乡野小店的伙计殷勤了许多，忙前忙后地端茶倒水。眼看夜幕降临，城墙上远远传来沉重的鼓声，伙计们解释说，那是关闭城门的信号，整个都城很快就要进入宁静的夜晚了。

“看来，北朝的都城虽然宏大，繁华上还是远不及当年的汴京城啊。”党怀英找着话题。

辛弃疾说：“那是自然，经过连年战乱，又有哪座城市能比得上汴京?”

谈话陷入尴尬的沉默中，两人从行囊中拿出书籍，开始温习。

经过数天的准备，他们满怀信心走进了会试的考场。考题是一首五言律诗、一篇辞赋，对于熟悉诗词歌赋的他们而言，这样的考题并不算难。辛弃疾和党怀英都挥毫疾书，顺利交卷。

出了考场，辛弃疾和党怀英谈论着诗文的题目宗旨，有说有笑。辛弃疾发现，自己和这位好友至少在文学上还是保持着充足的共同语言，从来未曾走远。两人一路上谈天说地，并肩而行。中都城中此时虽然阳光普照，但依然寒气逼人，街道上走着各色各样的行人，穿着打扮、语言行动皆不同。他们有的行色匆匆地赶路，有的则互相尝试着在攀谈生意。看起来，至少在这座城市内，民族之间开始相处得融洽起来。辛弃疾在这样的景象中行走，欣赏着城市的风情，似乎对金国的情势又有了更多的了解。

第五节
生歧路，后会无期

回到邸店，党怀英说道："贤弟，会试大榜公布，还有些时日。这十余天，你我如何打发?"

辛弃疾想了想，少年心性萌发，再加上他此行的本意并不在功名，便提议在燕京附近游历一番。

小弟提出要求，党怀英自然赞同。于是，两人便带着仆人在燕京城外缓缓而行，逢街镇便进去看看风土人情，看到军事重地如城堡、关隘、营寨，辛弃疾也要在远处仔细观望其设施兵力、布局规划，并牢牢记在心中，尤其是燕山附近的地形特点，他更是仔细地铭记在心中，以备他日之用。

这一番游历下来，眼看会试大榜就要公布了，主仆四人赶回燕京，依旧住在原先的驿馆。第二天，看榜的人群围了里三层外三层，辛弃疾和党怀英费了好大力气才挤进去，希望看见自己的名字能够从数千人里面脱颖而出，成为那有幸进入殿试的 120 个人。但他们将榜文从头看到尾，寻找了一遍又一遍，还是没发现自己的名字，两人只能相视苦笑，讪讪而回。

对于年纪要比辛弃疾大六岁的党怀英来说，这样的结果显然是个重大挫折，更何况，他此番北上，一心看重的就是博取功名。而对于年方 15 岁的少年辛弃疾来说，录取与否他其实并不在意，这次远赴燕京，他更像是给自己找个借口来独自完成一件“壮举”。现在结果已然出来，辛弃疾就不愿再待在此处，他想到离家已经将近两个月，祖父必然很是想念自己，于是便提议起程南归。

党怀英也不想再留在失败之地，便欣然应允，两人决定第二天就返回山东。

次日凌晨，在中都城头投下的曙光的照耀下，辛、党二人带着家人，离开了留给他们深刻印象的燕京，踏上回乡路程。一路上两人风餐露宿，终于回到了山东。

祖父辛赞见到辛弃疾平安归来，一颗心算是放了下来。当天晚上，爷孙两人彻夜交谈。辛弃疾便把向北这一路上的见闻、燕京城的情况详细地说给辛赞听。辛赞频频点头，为孙儿观察见解的敏锐和非凡过人的记忆力感到高兴，而至于弃疾为何落榜，他甚至连问都没有问一下。他只是告诉辛弃疾，功名利禄无非过眼云烟，成大事者当然也不该将这样小小的挫折放在心上。

党怀英在辛家住了两日，就辞别了辛赞，和辛弃疾握手惜别，向泰安而去。

就这样，辛弃疾时而在家里练文习武，时而出去拜访刘瞻先生，时而周游黄河两岸，将大好河山、人文风情一一尽收眼底。时光荏苒，三年之后，又到了赶考的日子。党怀英决定再次赶考，和当年一样，他又找到了辛弃疾，希望两人能结伴而行。

由于有了上次北行的经验，加上三年来的历练，辛、党二人已然成熟许多。一路上，辛弃疾照旧观察着金国的实力，将途中金国的山川形势、官府仓库所在的位置都一一牢记在心中。尤其是对金国的统治特点，他有了更进一步的认识。

辛弃疾发现，金国以少数民族的势力统治着广袤的北方，看起来兵多将广、财力雄厚，但实际上，在许多地区，金国的统治基础并不稳定；不只临近黄河的汉人怀念原来的宋朝政权，其他很多受女真人统治的少数民族，也对金国的压迫腹诽连连，一旦有什么风吹草动，很容易聚众兴起。

当然，另一方面，辛弃疾也因不同的观察角度而显得心事重重。他发现从军事上看，金国的实力不容小觑。金军士兵体格彪悍，作风蛮横而粗野，尤其是骑兵队伍动辄呼啸而过，令人侧目，加上多年的经营，他们在许多重镇都设有易守难攻的工事堡垒，想要一举推翻金国统治，收复大宋失地，绝非一蹴而就的易事。

就拿中都城燕京来说，上一次两人初次进京，只是贪看热闹景色，而没有关注防务。这一次，在辛弃疾的提议下，两人曾登上城外的高山向下俯瞰，发现整个燕京城的坊市民居，都被笔直的街道划分得井然有序。皇城和宫城则坐落在大城的正中央，周长五里，虽然不大，但显得宫阙森然而壮丽华美。两人下得山来，来到大城城前重新打量，发现护城壕沟宽有将近25丈，深有一丈五六尺，就像一条大河那样环绕在城外，城墙则高达四丈开外，宽有六丈左右，用来防护的女儿墙也高达七尺之上。尤其是在城墙内，辛弃疾还意外地发现每隔200步左右就设有一个仓库，想来，其中装满的都是守城用的防具兵器。

辛弃疾将这一切看在眼里，记在心中，设想着如果有朝一日大宋军队挥师北上，如何才能够攻破这样固若金汤的都城。而党怀英却只是一副羡慕的神色，不时地发出啧啧的赞叹。

大榜再一次发布出来，让党怀英备感失落的是，他再一次名落孙山。而辛弃疾同样没有入选，他表情凝重，同样心事重重，但这并非因为他没有考取功名，而是在详细了解燕京城的防守概况之后，他又于街巷杂谈之中听到惊人的消息——金主完颜亮，正在积极地招兵买马，调动军队，打算再一次大举入侵南朝。辛弃疾想到战火一起，双方黎民百姓必然再一次遭受生灵涂炭、颠沛流离的苦难，简直一天也无法再在中都待下去。他想到，必须尽快将这个消息告诉家人，告诉祖父。

于是，怀着不同的心思，两人再次踏上了回乡的路程。

然而，辛弃疾没有想到，心忧天下的祖父再也听不到自己带回来的消息了。当他迈入熟悉的家门，还没来得及喘口气，却见正厅门楣两侧挽联高挂，堂中央灵牌矗立，家人仆役皆神色悲戚。辛弃疾心中一动，脱口而出："难道……"

辛弃疾的预感没有错，家人告诉他，从他北上燕京之后，祖父就感染了时疫，虽然延请了最好的医生，终究是回天乏术，他已经在十余天前撒手人寰。为了不耽误辛弃疾在燕京的事情，祖父直到咽气，也不愿送急信让孙儿回来见自己最后一面。

辛弃疾哭倒在祖父灵前，党怀英想到自己自幼多蒙辛家照顾，泪水也如断线的珠子一样止不住地脱落。两人哭罢多时，辛弃疾才哽咽地问家人："祖父西去之前，可有什么交代给我?"

家人说："太爷行前念叨说，家中田地资产尚且充足，全族老小生活不成问题。只希望大少爷能够不愧对自己的文才武艺，向南报国。"

"向南报国，向南报国……"辛弃疾口中念念有词，不由自主地长身而起，在祖父的灵前立住，久久眺望着窗外南归的一行雁群。

辛弃疾决定，为祖父守孝三年。

在这段时间里，辛弃疾慢慢地从震惊和悲痛的情绪中走了出来，逐渐适应了在没有祖父的日子，继续读书、练剑。作为兄长，党怀英也时常从泰安赶过来，伴随在他左右，丝毫没有因辛赞去世而疏远的意思。

从心底说，党怀英欣赏而且佩服自己的这位小兄弟，也同样佩服一身正气的辛赞老人。所以，无论将来如何，党怀英都永远愿意将辛弃疾看成亲如手足的兄弟。

辛弃疾又何尝不是如此呢？只是人生自古多歧路，一旦命运的齿轮按照早就选择好的程序转动起来，纵然有着深厚的情谊，也是无法阻挡的。

辛党二人命运的齿轮，就在此时将要转动了。

转眼间，三年丧期已满。辛赞的忌日那天，辛弃疾在祖父的墓前拜祭完毕，换下了孝服。他站起身来，向陪伴的党怀英深施一礼说："这三年来，多亏党兄能够经常在此相陪，祖父泉下有知，也会感谢党兄对我的照拂。"

党怀英说："贤弟，你我本是一家人，何出此言？只是不知道贤弟下一步将要做何打算？"

辛弃疾说："愚弟正想听听党兄的意思。"

党怀英看看荒无人烟的郊外，又看看辛赞的一捧孤坟，叹了口气，说："辛老先生推崇的是君臣大道、华夷之防，读书人理应如此。但观当今天下，南朝无能，屡次错失良机，现今就算越过淮水一步，恐怕也都无法办到。以你我的脾气，不愿阿谀奉承、巴结权贵，就算到了南朝，恐怕也很难真正获得重用。与其这样荒废了自己的本领，还不如继续科考，有生之年，总要在北朝为官一任，造福乡里。"

辛弃疾点点头，默然无语。

过了几天，辛弃疾邀请党怀英同去济南城外的灵岩寺游玩。

灵岩寺，辛党二人并不陌生。这座巍峨庄严的寺庙，坐落在泰山的西北山麓，北依济南，南靠泰安。此寺始建于东晋年间，历经战乱变更，香火却一直旺盛。因此，辛弃疾提起去那里赏玩，党怀英也欣然同意。

这天，天气晴好，两人带上随从，一路行到灵岩山脚下。但见此山四壁如削，山形如同玉玺，曲折的山峦向东西两侧延伸而去，放眼望去，山上满目葱茏。辛弃疾和党怀英翻身下马，在山道上缓缓而行。

灵岩山虽然属于泰山的支脉，却不甚高，一个时辰不到，两人便已进得寺中。他们赏玩了其中的辟支塔、千佛殿、塔林，和寺内的高僧攀谈了一会儿，党怀英还应允做了一篇碑文。

中午，在寺内用过清净的斋饭，两人又顺着山寺东面的盘旋路向上过了白云洞，访了灵岩三泉。眼见日头已经要沉沉西下，两人才转身向山下而行。

走到山脚一处小亭前，党怀英早看到辛家的几个仆佣在亭中摆上了一桌小席。桌上虽没有什么山珍海味，却都是可口的家常小菜，另有一壶已经烫热的酒，在锡壶中微微地散着热气。

“这……”党怀英不知何意，说道：“贤弟，为何在此摆下酒席？”

辛弃疾微微一笑，伸手扶住党怀英的臂膀说：“仁兄，请入席，你我兄弟三年未尝饮酒，今天就痛饮一番。”

党怀英不好推辞，虽然心存疑虑，还是同辛弃疾推杯换盏。两人本都善饮，又在这雅致的山景之中，酒兴越发高涨，很快便醺然微醉。

看着天色将黑，辛弃疾招呼仆人点起灯笼，对党怀英说：“仁兄，闷酒无有所乐。刚才我们在寺中，僧众请占卜求签，因为我等本是读书人，也就没有求佛。现在不妨用蓍草求签，也只是图个乐子。你看如何?”

党怀英自然不会反对。两人求签已毕，党怀英得了个“坎”卦，辛弃疾得了个“离”卦。

辛弃疾哈哈大笑，将酒杯放下，说：“仁兄，这岂非命数！你看，坎卦主北，离卦主南。从此之后，我当努力向南报效大宋，你当努力留北治理百姓。我们各自珍重，后会有期!”

党怀英吃惊不小，但他了解辛弃疾的为人，于是很快镇定下来，默认了两人从此走上歧路的现实。就这样，辛党二人又各自痛饮几杯，算是就此分别。

这一年，辛弃疾 21 岁。

此番别后，到金世宗大定十年（1170 年），党怀英终于考中进士，后来官至翰林学士，成为著名的文学家、书法家。

而辛弃疾的人生，却将因为这次分别，开启另一个更加波澜壮阔的新篇章！

第三章

弓如霹雳，弃笔投戎

而此时的辛弃疾，也走到了自己人生选择的十字路口。他一直谋划着如何南归，现在正是天赐的好机会。

第一节
南归很逢时

就在辛弃疾和党怀英各自决定了未来人生走向的同时，另一个人的生命也走到了终点。

这个人便是野心勃勃的金主完颜亮。

在金国的历史上，绝非每一个统治者都是贪婪好杀之辈，其中也不乏开明接受汉文化、愿意和平发展、谋求国家统一的君主，金熙宗完颜亶就是其中之一。在他统治的 15 年中，曾经进行了一系列开明的政治改革，加快了女真统治政权的封建化，确保了北方社会逐渐从战乱走向安定，也让社会的生产在一定程度上获得了恢复和发展。然而，到了晚年，金熙宗变得酗酒好杀起来，女真贵族内部的矛盾激化了。

金熙宗皇统九年（1149 年）十二月，金右丞相完颜亮策划实施了政变，杀死熙宗，自己坐上了皇位，将年号改作天德，自称为海陵王。

和许多人想象的不同，海陵王虽然好战残暴、藐视南宋，但却偏偏又喜爱传统汉文化，经常吟诗作词。还在做藩王时，他就在驿馆墙壁上题写过这样一首诗："蛟龙潜匿隐沧波，且与虾蟆作混和。等待一朝头角就，撼摇霹雳震山河。"其野心毫不掩饰，跃然纸上。

金海陵王正隆二年（1157 年）二月的一天晚上，也正是辛弃疾第二次探访燕京的时候，完颜亮在寝宫中召来吏部尚书李通、刑部尚书胡励和翰林直学士萧廉三人，故作高深地说："昨天晚上，朕做了一个梦，梦见朕被天帝所命，到其宫殿中听读诏书。不久后，有个青衣使者在宫殿之上宣读了天帝的旨意，封我为天策上将，让我出征某国。我离开宫殿，飞身上马，发现前面有无数阴兵，于是迅疾发箭，却见这些阴兵一个个跪地求饶。醒来之后，我让近侍去马厩，发现御马身上汗流如注，再看御箭，也恰好少了一支。这岂不是上天命令我去扫平江南的吉兆？"

不用说，李通等人立刻明白了完颜亮的意思，连忙跪倒高声祝贺。君臣在寝宫中密谋了一夜。

第二天，完颜亮照例早朝。百官奏事已毕，他开口问臣下说："朕听说，南朝临安，有一西湖，汉人中的大才子东坡居士曾经写诗赞叹，说是'欲把西湖比西子，淡妆浓抹总相宜'。你们是否知道？"

吏部尚书李通早有准备，他走出行列，跪倒在地说："西湖名胜是江南之最，更是北国所无。陛下圣明，前朝柳永亦曾有一首《望海潮》词，专说的是那临安城中的景色。"

海陵王很满意李通的表现，示意他吟诵一番。

于是，李通拖着长音，摇头晃脑地吟道："东南形胜，三吴都会，钱塘自古繁华。烟柳画桥，风帘翠幕，参差十万人家。云树绕堤沙，怒涛卷霜雪，天堑无涯。市列珠玑，户盈罗绮，竞豪奢。

重湖叠巘清嘉。有三秋桂子，十里荷花。羌管弄晴，菱歌泛夜，嬉嬉钓叟莲娃。千骑拥高牙。乘醉听箫鼓，吟赏烟霞。异日图将好景，归去凤池夸。"

一阕吟罢，完颜亮高声喝道："好词，好一个三秋桂子，十里荷花！"似乎还不尽兴，他略微思索，便口出一绝："万里车书一混同，江南岂有别疆封？提兵百万西湖上，立马吴山第一峰。"

这时候，即使是反应再迟钝的臣子，也知道完颜亮是下定决心了。

经过四年的准备，到金海陵王正隆六年（1161年）六月，完颜亮首先迁都汴京，然后亲自督率大军渡过淮河，从庐州（今安徽合肥）而出，向南宋大举进攻，又命令工部尚书苏保衡带领水军从海道直攻临安，同时下旨荆襄、大散关等边境线的金兵，命他们全线出击。

所谓"全线出击"，绝非完颜亮在虚张声势。这次南侵，仅他自己就率兵60万，号称百万。兵锋之浩大，在宋金战史上前所未有。沿途战火随之熊熊燃烧，整个江淮流域为之震动不已。

然而，完颜亮没有想到，这一次精心准备的南征，却成了他个人军事和政治生涯的绝唱：当年十月，金兵在采石矶被文人出身的宋将虞允文所阻，完颜亮强令军队进攻，虞允文则带领南宋军民同仇敌忾，以少胜多将敌人击退。攻势受阻导致金兵士气低落，即使完颜亮这个皇帝也能感觉到部下军心不稳。而就在这时，中都竟传来宗室亲王完颜雍谋乱的消息。结果，暴躁狂怒、反复无常的完颜亮，在瓜州被属下完颜元宜所杀，尸体被焚，无迹可寻。这个试图立马吴山的金国最高统治者，最终只落得个如此下场。

完颜亮的死对南宋来说不啻天外飞来的福音——宋高宗赵构喜不自胜，命令宋军不得有任何追击的行动，以确保金军能“安全撤退”。

和无能的统治者不同，对于黄淮流域的民众来说，完颜亮的南征无形中造成了金国后防的空虚，成为吹响他们军事斗争的号角。

当时，河北、中原和山东地区的民众纷纷举起起义的旗帜，聚集起来抵抗南下的金军，或者偷袭他们的后方。潼关以东、淮水以北，反抗者不计其数。

而此时的辛弃疾，也走到了自己人生选择的十字路口。他一直谋划着如何南归，现在正是天赐的好机会。

第二节

身披软甲，慷慨从戎

说干就干，辛弃疾变卖了大部分家产，安顿好家中的其他族人，然后聚众两千余人，正式起事。

然而，两千多人的队伍，在声势浩大的金军面前是不堪一击的。辛弃疾知道，自己必须投奔更大的义军武装，才能站稳脚跟。他选来选去，将目光投向已经攻占了东平府的耿京队伍。

耿京本是济南人，早在完颜亮大举南侵之前，他就因怨恨金国的赋税太重无法生活，而集结了李铁枪等豪杰奋起斗争。在战斗中，其队伍越来越大，曾经攻取过兖州、莱芜和泰安。趁着金军防备空虚，耿京又攻占了东平府，自称东平节度使、权知东平府。后来，莱州人贾瑞带领一支小队伍投奔了耿京。在他的建议下，耿京分兵多路，不断壮大，在短短数月之内发展到 20 多万人，一时间成为山东义军的主力。

有这样一支强大的队伍在面前，辛弃疾不能不动心。

经过一番紧张忙碌的准备后，辛弃疾挑选了一个月色晦暗的夜晚，带上队伍向东平府进发。此时的辛弃疾全然没有了书生形象，而是全身戎装，身披软甲，骑一匹枣红色的高头大马，腰间悬挂长剑，在黑暗中威风凛凛，端坐马背。他的身后是两千多名斗志高昂的战士，虽然没有正规军的威武气势，却有着和金人拼死相搏的决心。在这支队伍中，有无法忍受金国苛捐杂税的农民，也有被金国军队洗劫一空的商贩，还有曾经家中有人被害于金人之手的普通百姓，他们听闻辛弃疾召集人马，全都聚集在这个年轻人的旗下，希望追随于他。

半夜时分，队伍悄无声息地行走到泰山脚下，先行的斥候飞马而回，说是前方有一股从前线流窜回来的金兵，正在村庄里骚扰百姓。辛弃疾闻讯，仔细地探听和估量了对手的实力，然后对下属们做出了战斗部署。

两千人马迅疾包围了村庄，初出茅庐的义军战士们摩拳擦掌，出其不意地闪现在金军面前。这一小股金军原本就是败兵，本想在村庄里捞一笔就走，没想到招来这样生猛的义军队伍，顿时吓得魂飞魄散，顷刻间一个个身首异处、命归黄泉。

战斗仅仅持续了三炷香的工夫，上百名金军就被歼灭殆尽。获救的村民们满脸惊恐地从破落的民居中一个个张望着走出来，看见是义军队伍，纷纷跪倒在路边，口中喃喃地念叨着感谢的话语。辛弃疾翻身下马，扶起村民，好言抚慰。看着战场打扫已毕，他便号令义军继续赶路。

数天之后，这支初生的义军终于来到了东平。

听说辛弃疾这样的世家子弟能够毁家兴兵，耿京自然相当敬重。当义军来到东平城外时，他早已得到探子的报知，带领着贾瑞等手下出城迎接。

辛弃疾看见对面大旗之上书写着“耿”字，绣着闪闪金边，知道这就是义军的统领。他连忙从马上一跃而下，耿京也热情地大步上前，端详了辛弃疾一番，给他坚实的胸膛上来了一拳，说：“小伙子，你真行，听说你还是个读书人，能带兵吗?”

辛弃疾笑了笑，拍了拍剑柄，说：“耿将军，不敢相瞒，辛弃疾自幼习武，有这把剑在，寻常十来个人也是近不得身的。”

“好！好！”耿京哈哈大笑，多少有点为刚才的怀疑感到抱歉，一双大手牢牢握住辛弃疾的双手。辛弃疾也暗自用力，突起的肌肉让耿京更加相信面前的这个年轻人绝非一时心血来潮加入抗金队伍。

就这样，辛弃疾和他的队伍融入了义军的大家庭。

当天夜晚，耿京在东平府中设宴，为辛弃疾一行接风洗尘。在宴会上，辛弃疾侃侃而谈，结合自己在燕京两次探访的经历，向耿京分析了天下大势的变动走向。耿京看他年纪虽然不大，却谈吐得体，见解不凡，俨然是军中不可多得的人才，于是当即宣布让辛弃疾担任东平节度使掌书记。

从担任掌书记开始，辛弃疾就经常跟随耿京，观察他如何管理义军上下的大小事务。辛弃疾发现，耿京性格直率，行事光明磊落，并没有太多城府，也不擅用权术去御下。虽然他现在号令 20 万义军，却始终能和下属平等相处。虽然如此，但义军中的成员来自五湖四海，不同阶层的人都相互掺杂，再加上常年面对金兵流动作战，难免某些人会做出违纪的事情。耿京对这些事情看在眼里、急在心中，但却顾及队伍的团结，经常也只是点到为止。令辛弃疾担忧的是，这样的态度很可能导致义军出现隐患。

他决定找准机会，向耿京进谏。

第三节

略显军才，力荐义端

这天夜里，耿京独坐府衙中，闷闷不乐。辛弃疾走入府衙，汇报钱粮公事，耿京也只是顺口答应。辛弃疾不解地问道："大都护，近日军中似有些不宁静，有些将领带着部队私自出走行动，而且听说金人正在准备进攻我军，不知大都护是否因此而烦恼？"

耿京沉闷地点点头，说："辛书记所言，正是我的心头大患。"

辛弃疾说："大都护，自从我加入义军，对周边形势多有所感，绘得一图。今天正想奉给大都护，以供明察。"

说完，辛弃疾取出自己文囊中的一个卷轴，铺在桌上，徐徐展开。耿京定睛注目观看，原来是一幅详细的地图，上面圈圈点点，有多重颜色。耿京行军多年，对地理形势多有所得，因此很快就看出来这幅地图正是山东附近义军和金军对垒的大略形势图，其中包括耿京本部义军、号令义军以及其他各路义军的活动范围和行军路线，也包括金兵驻扎的营垒、关隘和城池。更让耿京赞叹的是，辛弃疾还将每支部队的人数多少、统帅将领姓名，都尽可能详细地一一标注于地图上。

看完地图，耿京连连赞叹，他之前当辛弃疾有文才武艺，只是出于一腔热血兴兵报国，没想到他却有着如此高的军事才能，能够在短短的数月内对敌我双方的形势一清二楚。

辛弃疾看耿京对自己的地图很感兴趣，于是进一步说道："不瞒大都护，其实我早在数年前两次去燕京，一路上就在观察山川形势、军事部署，已经牢牢记在心中，此图也并非时日之功。对眼前我军的困境，我也有些许所想，不知能否一吐为快？"

耿京急道："幼安，你我虽然年纪有差别，但我始终拿你当兄弟相待。有什么想法，但讲不妨！"

有了这样的信任，辛弃疾便将自己对治理义军的想法、对策和盘托出。他对耿京说，目前义军看起来如同烈火燎原，但金国目前只是内乱，一旦内乱结束后，他们就会重新反扑。因此，趁着这段时间，义军应该严明军纪，整肃队伍，从而在将来得到壮大和发展。如果现在治军不严，将来很可能被金军趁乱分化而各个击破。

耿京听完这段话，说："贤弟，你的一番话，果然说到我心中去了。其实近日我也在思考这个问题，却始终下不了决心，现在贤弟如此年轻都能想到，我又怎能不早做决定呢？"

第二日，耿京便命辛弃疾和义军其他几个主要将领共同商议规章纪律，开始做从严治军的准备。

数日后，辛弃疾和贾瑞等人将拟就的义军律令交由耿京签发，然后盖上东平府节度使大印，张贴在义军每一处营地门口。不久后，在义军内部，就有人检举出了几个屡教不改、违反军纪、骚扰百姓的将领，耿京下令就地处斩以安定人心。和耿京曾经有过的担忧恰好相反，这几个害群之马被处决之后，一时间民众更加拥护义军，义军自身也更加团结稳定。到这时，耿京才明白，自己向来治理军队是过于宽厚而威严不足，好在有了辛弃疾的提醒，自己才能做到令行禁止。为此，耿京对辛弃疾更加增添了信赖之心。

一天，耿京正在府中和众人商议军情。有将领报告说，济南府附近有一支义军，最近声势不小，据说已经积聚了上千人，为首的是个叫作义端的和尚，最近在泰山脚下游动作战，奋力抗金。

辛弃疾听完报告，高兴地对耿京说："都护，这位义端师父，我曾经与他交往过。当年我和几个少年朋友一同攀登泰山，回来时恰逢天气突变，在龙兴寺避雨，认识了这个年纪相仿的师父。我和他谈了一番，倒也是个胸有志气、颇通兵法的人。此后我们虽没有深交，但当今形势下，如果我能把他劝来相投，也能为我军增添一份力量。"

耿京说："如此当然好，只是你要多注意安全，快去快回。"

事不宜迟，辛弃疾当天出发，日夜兼程，数日后到了泰山脚下，很快找到了义端和尚的营地。

数年不见，这个和尚已经魁梧了许多，而且统领了自己的部队，更显得意气风发。他虽然和辛弃疾多年未见，但见面之后还是热情款待，却并不问来意，显得颇有城府。

辛弃疾也没有在意义端表面热情背后的那份怀疑，他想到，毕竟山东全境犬牙交错，各种势力混同一处，义端有所怀疑，也是领兵者的常态。于是，寒暄过后，他开门见山，说明了来意，还特别强调了耿京治军严格、实力雄厚，东平府足可发展壮大的实情。

看得出来，义端相当动心，但同时也顾虑重重。过了一会儿，他说道："贤弟所说的很有道理。但能否让我再思考一下，也好和我手下的兄弟们商讨一番?"

辛弃疾自然明白其中的利害关系，于是不再谈这个话题。当夜义端摆上酒宴，召来手下，款待辛弃疾一番，席间自然也是谈天说地，气氛融洽。

第二天，义端早早和辛弃疾相见，诚恳地问道："贤弟，从起兵以来，我是日夜操劳，才算有了这样一支上千人的队伍。虽然如此，我带着他们到处游击，没有落脚之地，也确实不是办法。但愚兄不妨对你明言，我怕的是跟从了耿京以后，会受人排挤，遭到冷遇。万一到了那步田地，恐怕就是贤弟也没有办法保护我吧?"

辛弃疾看了看身体健硕、满脸络腮胡的义端，不知为何心中涌起一丝厌恶。他本以为这个和尚是为了说服部下才需要多考虑一番，没想到昨天宴会之上，他就发现那些下属早有跟从耿京之意。那么看起来，这人担心的只是他个人未来的官职和荣辱，这样的人带领义军，能做多大的事情?

当然，这样的念头只是在辛弃疾脑中一闪而过，他知道，自己的任务是说服义端，哪怕并不喜欢这个人。

第四节
怒向胆边生

虽然对义端的心胸狭窄已经有所领略，但辛弃疾不愿意就此放弃，他知道，哪怕为义军带来一兵一卒，也是对抗金实力的补充。于是，他按捺住性子，好言相劝道："仁兄，你恐怕是多虑了。耿京将军起自草莽，最重视的是义气，他虽然自己读书不多，却尊重胸有文墨之人。因此，我之前去投奔，他才能不存一点门户之见，对我加以重用。而且山东的义军也大都愿意听从他的号令，连大名府那里的王友直，也派人和耿将军联系，愿意共图大事。如今，金军大敌当前，如果还是在乎自己的名位，恐怕只能被北朝各个击破。仁兄，千万不要再犹豫不决了！"

这番话说到了义端的痛处，他虽然担心自己没有了实力，但更担心自己被金军一口吞掉。犹豫了一番，他一跺脚，说："也罢！那便顺了贤弟，去从耿都护！"

消息传下去，士兵们听说要去东平府吃粮，纷纷欢呼雀跃，将领们也喜笑颜开。第二天，义端和辛弃疾便带领部队并驾齐驱，直到东平府。

耿京没想到，辛弃疾去的时候是一个人，回来的时候真的带回上千人马。他喜出望外，立刻宣布任命义端为右军副将，继续率领原来的人马，并拨给应需的钱粮兵器。

然而，辛弃疾对义端的担心并非没有道理。

从归附耿京之后，义端一开始还能做到遵守规矩，但时日一长，他的本性就开始暴露。他经常在下属面前口出怨言，说到了这里受人辖制难得自由，想要把队伍拉走。只是他原来的部下们都受到了耿京的感召，没有一个人附和。

最终，义端竟然铤而走险，决定只身投奔金人。

一天夜里，义端趁着辛弃疾陪同耿京外出，潜入府衙，偷走了义军东平节度使的大印，打算带着大印连夜逃窜。刚到黎明，义军士兵们发现情况有异，立刻飞马直报耿京。听闻这个消息，耿京气愤不已，叫来辛弃疾，骂道："你这小子，带来的什么好和尚！他现在偷走了我的大印，将来我们这支队伍如何号令，又怎么有脸面和金人对战？你认罪吗？"

辛弃疾知道，自己是掌书记，无论有何种理由，大印丢失，自己都脱不了干系。他毫不犹豫地说道："节度使，义端叛逃，我肯定难辞其咎，请您给我一匹快马，再给我三天时间，我一定将义端捉拿回来。如若不然，就请军法处治！"

耿京发完火，怒气稍减，想了想，也只有如此。辛弃疾便飞身上马，向义端逃跑的方向直追而去。

看着辛弃疾的背影，义军将领们议论纷纷，左军副将张安国一向对受到重用的辛弃疾有所忌恨，这时连忙故作担忧地说道：“辛弃疾做掌书记，怎么能让义端偷走大印？我想，他俩必然是早有预谋，只怕这一次，辛弃疾是不会再回来了……”

耿京听见这话，用凌厉的眼神扫了扫张安国，吓得他马上住了嘴，缩回了人群。

此时的辛弃疾无暇担心别人如何评议他，而是奋力追赶。他知道，义端只有选择向西这条路才能逃到金军营地。一想到这个可耻的叛徒居然辜负自己的信任，背叛了义军战友，辛弃疾就气不打一处来。

辛弃疾一口气追出了40多里，虽然他自己连停下来喝口水都不愿意，但胯下快马显然需要休息了，他只好松下缰绳，下马来到路边一家旅店。

旅店老板见有生意来，笑容可掬地走出来，张罗着给辛弃疾端来茶水，又将马带入马厩喂草饮水。

辛弃疾大口饮完茶水，推开老板递来的毛巾，说：“店东，昨晚可曾见这里来过一个僧人模样的武夫？”

老板眼珠转了转，说：“昨天半夜，的确有个魁梧的和尚，满脸胡须，前来投店，今天早晨便走了。”

“什么！”辛弃疾立刻站起身来，抛给老板一小块碎银，说：

“赶快将店中最快的马借我使用!”

老板看辛弃疾满脸杀气，不敢不从，马上牵出来自己最喜欢的快马。

辛弃疾二话不说，纵身上马，又向前追了大约20里，发现义端正不紧不慢地向前赶路。一看就知道，这奸贼已从最初逃跑时的惊慌失措中缓过劲来，觉得现在远离了耿京义军的范围，心情大好。

一见义端，辛弃疾怒向胆边生，纵马向前，大喝道：“奸贼！你要往哪里去!”

这一喝，差点将义端吓落马下。他回头一看，辛弃疾已经近在咫尺，还没等到他惊呼出口，对方已经一掌将他推下马去。

义端重重落在马下，顾不得疼痛，连滚带爬地想要起身逃跑。辛弃疾早已跳下马来，一把将他提了起来，将闪着寒光的宝剑架在他的脖子上说：“义端！让你死得明白！我拿你当作抗金义士，推荐你加入耿将军的队伍，没想到你不仅不抗金，还要偷走大印去投奔金贼。其心不容，其罪当诛!”

义端此时吓得浑身发抖，连声叫着饶命，又说：“辛老弟，我知道，你肯定是天上的青牛星转世，力气大得能杀人。只求你看在我们是多年相识的份上，饶我一命!”

辛弃疾冷笑一声，手起剑落，但见义端头颅落地，一命归西。

手除奸贼，辛弃疾才舒了口气。他擦了擦汗，撕下义端尸体上的外衣，将首级上的血迹擦净，包裹起来，系在自己的马头前。然后他又小心地将义端藏在身上的节度使大印翻了出来，背在自己身上。收拾已毕，他快马加鞭，返回了东平府。

此时，离辛弃疾离开东平府，才刚刚过去一天一夜。

辛弃疾将首级和大印呈给耿京之后，义军诸人这才明白，原来先前是错怪了这个年轻人，不由得更加敬重他的言出必行、勇猛过人。从此以后，辛弃疾在义军中的威望愈加高涨，耿京对他的信任也是有增无减。

很快，辛弃疾在义军中就快待满一年了。这一年的年底，采石矶之战胜利、完颜亮毙命等消息陆续传来，让义军上下无比兴奋。在冬至的宴会上，耿京毫不推辞，和每个部下都对饮一碗，喝得畅快淋漓。辛弃疾虽然酒量不小，但因为担心城内防务，因此只是喝了些许。

当晚，宴席散去，耿京、贾瑞他们喝得酩酊大醉，一个个都由亲兵扶回府中休息。很快，热闹的东平府平静下来，只有辛弃疾在府衙宽大的庭院里反复踱步，不能入眠。他想到，最近一个月来，战场上的确捷报频传，抗金形势有所好转，但大宋朝廷始终没有北伐的任何动向。反观金国方面，自从完颜雍上台后，将军事和政治手段结合起来，对中原、山东的义军软硬兼施，重在软化分解。其中就有很多意志并不坚定的义军部队中了圈套，他们中有不少人放下了刀枪，重新成为金国的顺民。这样看来，如果耿京的部队不能找到更好的道路，像义端那样主力将领叛逃的事情很可能再次发生。自己作为掌书记，必须要早点提出对策，以便寻找到义军的生路。

第二天上午，辛弃疾先是找到贾瑞，说明了心中的忧虑。两人商议一番，觉得不论现今的实力如何，都应该尽早向南转移，同大宋朝廷取得联系，这才是对整个义军队伍命运前途负责之举。两人既然达成了一致，就决定去面见耿京，提出看法。

耿京宿醉刚醒不久，正在大口猛喝茶水。他看到面前的辛弃疾和贾瑞，不好意思地咧开嘴笑了笑，说："两位贤弟，有何事前来商议?"

辛弃疾并不避讳，直接说道："都护，如今江南战事已然平息，金军正在向北撤退。但我军尚处于山东，和宋廷没有任何联系。现在金人只是暂时受挫，如若将来他们缓过气来，势必会将山东和宋廷的联系彻底分割瓦解。这样下去，恐怕不能坚持长远。"

贾瑞也担忧地说："辛书记的想法，我都赞成。大都护，目前的形势的确是这样的，与其在这里坐等金兵包围，还不如早点找到出路。"

耿京看了看面前的左膀右臂，想了想说："两位的想法，我也觉得有道理。可是事情毕竟重大，我想聚集众将领，同他们仔细商讨一下，再做商量。"

耿京显然倾向于同意他们的建议，贾瑞不由得点头称赞，而辛弃疾内心无比憧憬的是，即将进行的讨论将会打开自己回归大宋的大门。

第四章

初入政坛，且贪欢笑

然而，归附朝廷，意味着从此结束了能够按照自己的意志抗金斗争的生涯，也意味着和那种血与火的战斗时代说再见了。

第一节
归附大议，建康城面圣

第二天，耿京就发出令箭，召集各军将领前来议事。

其实，对于目前的情况，耿京心里也经常犹豫不决。一方面，他觉得自己的队伍能从区区数百人发展到现在的声势，的确不容易。但另一方面，金人已经因为这样的声势而将他看作最大的障碍，并发下赦免诏书，说义军将士只要解甲归田就一概无罪，单单只是通缉耿京等几个领袖。最关键的是，南方的宋廷似乎根本没有帮助义军的意思。这样下去，又如何能长久？

然而，耿京又想到，如果归附宋廷，是否能安全进军转移，即使到了南方，那些大臣权贵会不会容得下义军将士？

带着这些担忧，耿京召开了决定义军前途命运的会议。

东平府府衙中，凡受耿京辖制的各路起义军将领，都从各自驻防营地赶来。大家交头接耳，不知道究竟要商议什么大事。

耿京环顾左右，等闹哄哄的声音平息下来才说道：“今天，我请诸位前来，是想请大家各抒己见，说出自己对今后的看法，毕竟金贼这几日对我等可是用心得很，日后出路如何尚不可知。我天生嘴笨，不晓得该从哪儿讲述。这般大事还是听大家的建议好些。如此，哪位兄弟先说?”

刚才还人声鼎沸的府衙大厅顿时安静下来，人们面面相觑，却没有人站出来说自己的看法。

贾瑞看了看辛弃疾，示意他先说。辛弃疾慨然站起来，将目前的形势分析了一番，列举了义军所面临的困难，主张向南发展，最终归附大宋朝廷。这样才能保全实力，以图将来东山再起。

众将领们听着辛弃疾的分析，表情逐渐从怀疑变得信任，最后一个个点头称赞。其中只有被降为左军第一副将的张安国和统制官邵进的表情始终不大自然。

耿京看着辛弃疾说服了大家，自己也下定了决心，他挥挥手，示意大家安静下来，然后响亮地说道：“兄弟们，我经过这两天的反复思考，觉得掌书记的看法很有道理。刚才，兄弟们也听到了他的分析，我觉得，南归的确算是现在最好的路子，不过，这条路不能走得太快。我想，军中不可一日无主，我暂时不能走，就请贾瑞先带上几个精明强干的人去南方，想办法和朝廷取得联系。等朝廷认可了我们，再做之后的打算。大家觉得如何?”

众将领一听，都竖起大拇指称赞。

贾瑞说：“南下先驱，我义不容辞。不过，去见朝廷，我担心没有士人在身旁，怕自己不知礼数、不擅言辞。还希望将军能同意掌书记和我一起去。”

耿京看了看辛弃疾，当然不舍得左膀右臂都离开自己。但他看到辛弃疾渴盼的眼神，又深感年轻人心中燃烧的那团火焰，于是点头说道：“那就这样，你们两个要多带几个兄弟，才好有个照应。千万要多加小心，快去快回！”

就这样，宋高宗绍兴三十一年（1161 年）十二月，辛弃疾和贾瑞一行人等从东平府起程，向南而行。同行者还包括统制官刘震、右军副总管刘弁等 11 人。这一支小小的队伍，全副武装，跨上良马，朝东南方向进发。

辛弃疾和贾瑞在出发之前就商量好了南下路线，他们从山东向南，来到海州（今江苏连云港），再到楚州（今江苏淮安），再经过扬州（今江苏扬州），最后到达临安。

刚到海州，辛弃疾他们就收获了个好消息——占领海州的义军将领魏胜说，皇帝已经决定，要到建康（今江苏南京）视师劳军。这样，辛弃疾他们就可以直接去建康面见圣上了。

等到了楚州，淮南转运副使杨抗迎接了他们，又提到主战派的将领张浚已经被朝廷起用，担任了建康留守，看起来朝廷似乎真的要出师北伐。

在接二连三的好消息的刺激下，辛弃疾他们日夜兼程，马不停蹄，终于在第二年的正月十八日到达了建康府。

皇帝赵构听说山东有义军前来归顺，高兴不已，即日接见了一行人等，听完了辛弃疾的汇报，对他们赞许有加。第二天，诏书就传了下来，命耿京担任天平军节度使、知东平府，节制京东、河北诸路义军兵马；贾瑞为敦武郎；辛弃疾为右承务郎、天平军节度掌书记；其他跟随来的人都封了修武郎或是成忠郎。除此之外，枢密院里还派出两名使臣，专门带上诰命、符节，跟随他们重新返回东平府。

既然完成了使命，辛弃疾他们无心在建康城久留，打算尽快回到东平府。枢密院的两名使者，一路上畏畏缩缩、胆小如鼠。他们不敢和辛弃疾他们走在前面，又不愿意落在后面，始终都钻在队伍中间行走。辛弃疾看着他们，只是撇嘴一笑，和贾瑞对视一眼，心照不宣。

好不容易走到海州，两名使者再也不愿意前行，说前面是金人的地面，朝廷命官怎么能轻易送死。他们推说身体不适，无法前行，将事情交付给辛弃疾和贾瑞，要求他们去见耿京，然后一起再到海州来接受官诰和符节。这个不伦不类的计划，让辛弃疾和贾瑞实在无法认同，但他们也只能接受。连正在海州安排军事的京东招讨使李宝都看不过去，专门派出统制王世隆带上十几个骑兵护送他们一路继续北上。

第二节
意外的叛变

和枢密院的使臣截然相反，武将王世隆精干稳重，对深入金地毫无惧色。辛弃疾和他很是投缘，两人一路上谈论着抗金形势，有着说不完的话题。王世隆看辛弃疾儒雅的谈吐中有着豪客气度，行为礼节到位却又英武逼人，便也对他多了几分敬重。后来听随行的将领说起辛弃疾单骑追杀叛贼的事情，更是从心里敬重佩服。不过几天，辛弃疾和王世隆就肝胆相见，有了深厚交情。

队伍走到了离东平府 10 多公里的地方，贾瑞派出统制官刘震、左军统领官刘伯达，让他们去东平府先行通报。没想到，两个时辰后，两人飞马奔回，滚下马鞍，号啕大哭。

他们带来的消息，不亚于晴天霹雳。

原来，一个月前，不愿南归的张安国等人经过密谋，发动叛变，杀害了耿京。耿京原来是义军团结的旗帜，他一死，大军迅速分裂，将领们有的投降金国，有的解散了部队，有的则干脆离开部队带着金银珠宝溜回了家乡。这样，不到一个月，原来声势浩大的25万义军灰飞烟灭、星散殆尽，连东平府也都沦落到金人的手中。至于那个卖主求荣的张安国，则因投降金人而被任命为济州（今山东济宁）知府。

听到这个噩耗，辛弃疾他们悲痛万分，随行的王世隆等将士们也都一起下马，痛哭拜祭。

辛弃疾最先收住泪水说道："我们奉的是耿都护的军令南下，向朝廷请命归附，没想到会发生这样的不幸。耿都护待我等皆如亲生兄弟，他人竟背叛他，我非要将那人食肉寝皮不可！"

贾瑞想了想，觉得辛弃疾此时正在气头上，担心他鲁莽行事，便提议返回海州，和宋军大将李宝、魏胜商量以后再想对策。

大家回到海州，辛弃疾向李宝报告了耿京遇害的噩耗。李宝也是勃然大怒，拍案而起，发誓要杀了张安国为耿京报仇。当他听说张安国在山东济州担任知府时，马上下令王世隆和部将马全福准备率领部队攻打济州，抓获叛贼。

辛弃疾进谏说："李将军，济州城防坚固，易守难攻，那张贼又初投新主，根基未稳，决然容不得我等破坏。所以此事只能智取，不适合强攻。何况强攻动静太大，容易打草惊蛇，反而会让张贼闻风逃窜。"

"那么，你觉得应该如何呢？"李宝早年曾经跟随岳飞征战，是宋军中的一员名将，对于辛弃疾，他一眼就看出其身上隐藏的才能。

辛弃疾说："如果将军相信我，我只需要数十骑兵，就能进入济州，生擒张安国。"

李宝颔首说："好，那便让王世隆和马全福也辛苦走一趟。"

当天晚上，辛弃疾和贾瑞、王世隆、马全福他们在灯下商议明天的行动计划。辛弃疾说："在耿都护军中时，那张贼似乎对我素来有些忌惮，在都护面前也服帖不敢多言，没想到居然敢做下如此十恶不赦的事情！"

贾瑞说："我与张安国曾经倒有些过往。他这人原先就颇有私心，为人专喜好强争胜，而且善用心计，所以我才和他日渐疏远了。现在，他既然干下这种事情，我等必然与之势不两立！"

第二天一早，李宝、魏胜和贾瑞将辛弃疾送出海州城门。李宝一再叮咛："济州城现在有五万多守军，虽然其中金兵不多，但还是要多加小心。到了那里，随机应变，能擒获最好，擒获不了，也千万不要冒险。"

辛弃疾流下眼泪，说道："李将军，耿都护对我情同兄弟，张安国杀我兄长，我和他不共戴天。这一次虽然胜负难料，但我必要擒获此贼，告慰都护在天之灵！"

李宝端详着眼前的辛弃疾，似乎看到了当年在岳家军中身先士卒的自己，良久，才紧紧握住辛弃疾的双手，祝他马到成功。

在寒冷的朔风中，50余人一路日行夜宿，终于来到了山东济州附近。在离济州城还有25公里的地方，辛弃疾留下五名骑兵，让他们留在路边作为接应。再走了2.5公里，又留下了五名骑兵……

这样，每过 2.5 公里路，辛弃疾就安排下五名骑兵，作为接应。

到了黄昏时分，辛弃疾和王世隆、马全福三人已经来到了济州东门。

此时已经是门禁时分，守门哨兵看见有人前来，立刻紧张地呼喝道："城下何人？来济州什么事情？"

辛弃疾不慌不忙地说："我等是知府张大人旧时的老友，今日前来投奔，你速速去通报，张大人自然会重重赏你。"说着，他递过去一块银子。那士兵接了银子，面露喜色，一溜烟进去通报。

张安国此时正在和部下痛饮，自从当了金国的知府，他几乎每天都要举行宴饮，庆祝自己升官发财。大厅中烟雾缭绕，杯盘狼藉，部将们和几个金人将领在猜拳喝酒，大喊大叫。

听哨兵通报说辛弃疾和王世隆前来拜访，张安国酒醒了一半。他问清来人的数量，放纵地哈哈大笑，对身旁人说："这些不成器的小厮，现在没有大树可以依靠，就来投奔老子了！"

说着，张安国整了整衣衫，说："带他们进来。"

很快，辛弃疾和王世隆在哨兵的引导下，大摇大摆地走了进来。整个宴会厅里的喧闹声小了下来，醉眼惺忪的部将们一个个抬起头，观察这新来的两个人。

辛弃疾走到张安国面前，拱手说道："安国兄，才一个多月不见，想不到如此发达了！"

张安国本以为辛弃疾他们只来了三个人，应当是来苦苦哀求自己谋求官位的，却没想到竟是如此傲慢。他警觉起来，死死盯着辛弃疾说："你……你……什么意思？"

辛弃疾并不答话，鼻子里哼了一声，突然噌的一声抽出宝剑，一把提起身形瘦小的张安国，将宝剑架上了他的脖子。一旁的王世隆也提刀护在身前。

辛弃疾喊道："今天我们兄弟有些琐事，想要请张知府出城商量，和他人无关。如果有人敢动一动，大金的张知府就要命归黄泉了！"

在场的金人和张安国的手下本来就已经醉得东倒西歪，现在看到辛弃疾如同天神下凡一般挟持着张安国，更是不知该如何是好。张安国如杀猪一般凄厉地叫道："你们谁也别动，你们谁也别动……"

一时间，整个大厅死一般的寂静，只听见门外呼呼的寒风声。

第三节
归正人，江阴签判

短暂的静默过后，大厅里面的人还没反应过来，辛弃疾和王世隆就架着张安国冲出府衙，飞身上马。张安国此时已经吓得魂不附体，辛弃疾将他一把挟起来，横在马上，然后扬鞭催马向前。王世隆则乘马在后紧紧跟随。两匹马冲到门前，辛弃疾高喊道："知府醉了，我们送他出城！"士兵们不敢阻挡，眼睁睁看着两人将张安国带出城外。马全福立刻迎上前去，拈弓搭箭，防止金兵随后赶来。

这三人纵马而去，行出2.5公里，原本布下的五名骑兵迅速跟上……25公里处，50名骑兵已经全部集中。辛弃疾遥望背后，估计济州城已经派出了追兵，他轻蔑地一笑，说："让他们来追吧，张安国已经是我们的了。"

王世隆哈哈大笑，50多人放马奔驰，将济州的救兵远远甩在了身后。其实，金人并没有打算怎样追赶，张安国在他们的眼中无非是个失去了作用的投降者而已。

这一年，辛弃疾刚刚22岁。

宋高宗绍兴三十二年（1162年）春天，辛弃疾和王世隆一行50多人潜入虎穴，将叛徒张安国生擒。他们很快又从海州出发，将张安国押解奔赴南宋的都城临安（今浙江杭州）。

为了让朝廷更加清楚事情的经过，李宝特意将辛弃疾他们智擒张安国的经过如实写入奏章，让王世隆随身带到临安，面呈皇上。

赵构看完奏章，内心也为之起伏。在政治上，赵构顾虑重重，从不敢真正向金国开战，甚至还因岳飞的力主抗战而授意秦桧制造冤案。但是，在矛盾的心理状态下，他又希望自己的臣子中能多一些英勇忠诚之人，这样才能确保自己在南方统治的安稳。现在，他看到辛弃疾如此年轻就能立下奇功，喜出望外而又赞叹地说道："辛卿真是对朝廷忠心耿耿，智勇双全。"他又掉头对身边的大臣说道："辛卿如此胸怀忠义，真是人才难得！"这时，在赵构身旁侍立的尚书左仆射、宰相陈康伯出列启奏说："陛下能够礼贤下士，正是祖宗的福气、大宋的福气，微臣为陛下道贺！"话音未落，文武大臣们纷纷附和，连声夸赞。

第二天，叛徒张安国被押赴临安城外的刑场。囚车走过临安城中，无论大街小巷，到处都有百姓向他扔出愤怒的石块、吐出憎恶的唾沫。此时的张安国再也没有当知府的得意，早已吓得魂飞魄散。等囚车到了刑场，监斩官宣读了他的叛逆罪行，随即下令将其斩首示众。

张安国被处决了，辛弃疾的英雄事迹一夜传遍临安。无论是朝廷官员还是市井百姓，都希望能够亲眼看看这个敢于在万军丛中生擒叛徒的英雄。

很快，辛弃疾的事迹被街巷中的百姓传得愈来愈奇特。有人说，他本来就是天神下凡来辅佐大宋的，也有人说他是青牛星转世，还有人说他让皇上为之感动而叹息不止。这些传言鼓舞了南宋军民的士气，让原本怯懦的人也振作起来，让原本勇敢的人更加愿意引为知己。

在这样的舆论下，朝廷下诏书，任命辛弃疾做江阴签判，可以即日离开临安上任。其实，江阴签判只是个州府长官的助理，官职并不大，这背后的原因自然和辛弃疾作为“归正人”的背景有关——在南宋朝廷来看，“归正人”无论如何都是不能轻易信任的。

当然，辛弃疾自己并没有计较官职的大小。相反，从回归南宋到被任命为江阴签判，辛弃疾心潮起伏。他常常梦见自己还在泰山脚下过着戎马倥偬的战斗生涯，也常常设想将来有一天能够再次跨上战马带领王师重新返回山东。这样的情绪影响着辛弃疾的一生，直到晚年，还在自己的词作中对这段生涯有着细致的回忆描写。

在《鹧鸪天·有客慨然谈功名因追念少年时事戏作》中，他这样写道：“壮岁旌旗拥万夫，锦襜突骑渡江初。燕兵夜娖银胡䩮，汉箭朝飞金仆姑。”

另一首词《破阵子·为陈同甫赋壮词以寄之》中，文字同样激情壮阔：“醉里挑灯看剑，梦回吹角连营。八百里分麾下炙，五十弦翻塞外声，沙场秋点兵。”

这两首词传神地描绘出辛弃疾当年在战场上纵横驰骋的本色，即使今天读起来，依然令人动容。

然而，归附朝廷，意味着从此结束了能够按照自己的意志抗金斗争的生涯，也意味着和那种血与火的战斗时代说再见。正当辛弃疾初入政坛，准备摩拳擦掌大干一番的时候，临安传来了消息——皇帝宣布退位了。

第四节

易主后的忧与喜

完颜亮南征失败之后，在军民要求积极抗金、收复失地的强烈呼声中，宋高宗赵构难以安定。他想来想去，觉得自己只有采取退位的方法，才能真正安心地颐养天年。因此，他选择在其统治的绍兴三十二年（1162 年）六月下诏禅位，由太子赵昚继任皇位。赵昚就是后来的宋孝宗。

赵昚能够成为皇位的继任者，有着很大的偶然性。他是宋太祖的七世皇孙，父亲是秀安僖王赵子偁，祖上则是大名鼎鼎的“贤王”赵德芳。宋高宗建炎元年（1127 年），赵昚出生在秀州（今浙江嘉兴）。建炎三年（1129 年），南宋都统制苗傅、刘正彦发动了宫廷政变，逼迫赵构让位，而当时的皇太子也因此受到惊吓而夭折。

作为堂堂大宋的皇帝，居然没有合法继承人，赵构心焦不已。更让他焦虑的是，民间此时产生了一种诡异的说法：汴京被金军攻陷后，金军统帅斡离不将皇室子孙掳掠到北方；而这个斡离不长相酷似宋太祖。这种说法不能不让人想到，当年宋太祖卧病，正是宋太宗一夜侍奉后暴毙，烛影斧声的嫌疑成了宋代最大的谜团。

赵构不敢多想，但他开始考虑，是不是要在太祖的后代中选择继承人，从而结束这段因果报应，保住自己的皇位，也保住大宋现有的半壁江山。

大臣们摸清楚了赵构的想法，纷纷开始建言上表，想要尽早促成皇位继承人的决定。右仆射范宗尹、同知枢密院事李回、参知政事张守纷纷建议高宗赵构尽早下定决心，连地方官员上虞丞娄寅亮也斗胆写了奏章，说太祖的陵墓寂寥无闻，仅仅和百姓相同。这让赵构感慨良久，于是下定了决心。

此后不久，在宋高宗绍兴二年（1132 年），赵昚就被选入皇宫中养育，10 年后被封为郡王。到了宋高宗绍兴三十二年（1162 年）五月，他被立为皇太子，六月即位成为皇帝。

赵昚从入宫到即位，整整经历了 30 年的时间。在这 30 年内，他知道自己面对的是多疑的赵构，因此总是战战兢兢、如履薄冰，生怕引起赵构的半点怀疑。但尽管他在各个方面都谨慎甚至是迎合赵构，但在对金的和战方面，却总是坚定地表现出自己的立场——北伐。

正因为如此，赵昚在当皇子时就经常练习骑马射箭，在练兵场上来回驰骋而乐此不疲。他平时带有一根出入所用的手杖，由纯铁铸成，重 40 多公斤，赵昚却能只手拿着赏玩。

这样和赵构截然相反的皇帝，正是辛弃疾等主战派所梦寐以求的。赵昚即位之后，就迅速起用了胡铨、辛次膺、王十鹏、陈俊卿等官员，还为岳飞平反。同时他任命老将张浚为江淮宣抚使，授命他指挥江淮军队。

宋孝宗隆兴元年（1163 年）正月，在江阴担任签判的辛弃疾，于春天的气息中得知了这样的好消息——张浚担任枢密使、都督江淮东西路军马，在建康城开府。这让辛弃疾激动不已，每天虽然要端坐于府衙中办公，但他的心思早就飞到了张浚的部队中，热烈盼望着自己有朝一日能够被征调去北伐。

但是，征调命令迟迟没有下来，他听到的却是另一个消息：在重用张浚的同时，宋孝宗赵昚又将主和派重要人物史浩任命为尚书右仆射、平章事兼枢密使。辛弃疾一开始并不理解，为什么这样主张对金作战的皇上，还要任命主和派。但很快，从自己阅读过的那些历史典籍中，他琢磨出了味道——让臣下之间相互制衡，是历来皇帝驾驭人才的重要权术。尤其是宋朝以来，皇帝担心军阀林立，更是有意约束将领的权力。所谓内外相互制衡，这样就能让文臣和武将互相牵制，任何一方都不敢产生异心。

辛弃疾想到这里，骤然感到一丝担忧。他为朝廷担忧，也为张浚担忧。然而，身为小小的签判，辛弃疾也无可奈何，只能每天闷闷地处理着手头的杂务，盼望着从前线传来消息。

当年三月，金左副元帅纥石烈志宁派人向南宋朝廷要求割让海州（今江苏连云港）、泗州（今江苏盱眙）、唐州（今属河北，一说为河南唐河）、邓州（今河南邓州市）和商州（今山西商县）等城池，并要求南宋缴纳岁币，否则就要进兵两淮。张浚对此当然采取强硬态度，调动军队驻扎在盱眙、泗州、濠州（今安徽凤阳）、庐州(今安徽合肥）等前线地区。看到张浚如此应对，金国方面也调兵遣将准备向南进攻。这样，宋金形势再次紧张起来，战争即将爆发。

当年四月，张浚积极请求赵昚来建康巡幸，从而鼓舞前线将士的士气。这个消息传到辛弃疾耳中，异常兴奋，觉得自己终于有可能看到这位传说中励精图治、积极谋求恢复山河的新皇了。没想到，朝廷传来的消息是，主和派首领史浩在赵昚面前坚决反对巡幸的建议，最终张浚的建议没有得到采纳。

不过，作为一种平衡的方法，赵昚授意张浚说，他可以不需要同史浩再进行争论，也并不需要通过朝廷内的中书、门下和尚书三省，甚至不需要通过最高行政机构枢密院，而是可以自己选择机会调兵遣将，直接北伐。

这个命令大大鼓舞了张浚。他火速赶到扬州，下令各路军马开始北伐。

接到这个消息，原本有点失望的辛弃疾异常激动，积极地参与进为北伐军队准备粮草、运送军马的政务中。很快，一条条战报传来：淮东招抚使李显忠，从濠州出兵，进攻灵璧；淮东招抚副使邵宏渊，从泗州出兵，进军虹县。这两路军马一路势如破竹，分别攻取了目标，并合力攻下了宿州（今安徽宿县南），等于打开了进军中原的门户。

第五章 《美芹十论》，淋漓之想

重新获得了家庭的温暖，辛弃疾开始有足够的时间和心境来整理自己多年来对宋金形势的想法，很快，他写下了名声显著的论文——《美芹十论》。

第一节
分裂的祸端

辛弃疾不在北伐的前线，他并不知道这次北伐看似顺利的开始，却已然隐藏下分裂的祸端。

攻克宿州之后，宋孝宗论功行赏。李显忠进开府仪同三司、淮南京畿京东河北招讨使，而邵宏渊则只是进检校少保、宁远军节度使和招讨副使。邵宏渊对这样的结果并不满意，开始忌恨军事指挥才能杰出的李显忠。

其实，两人之间的矛盾从军临宿州城下就开始了。当时，金人出兵迎战，李显忠身先士卒，击败金军，追击了 10 多公里。而直到这时才缓缓来到战场的邵宏渊却不以为意，还故意语带讥讽地说："招抚将军，您可真是关西将军啊！"等到宿州城被夺下之后，邵宏渊提议，打开仓库，将里面的金银财宝全都赏给士兵，但恪守原则的李显忠没有同意，只是给每个士卒发放 300 文钱作为奖励，而将其他财宝封存打算上交朝廷。邵宏渊抓住机会，趁机挑拨煽动。兵卒皆是百战余生之辈，战后只想多得赏赐，被邵宏渊撩拨得气急败坏，纷纷将铜钱扔到水沟里，声称不愿再打仗卖命了。

邵宏渊此举虽出于私心，却惹下了大祸：宋朝向来实行文官经武，军中兵不识将。一旦主将文官出现矛盾，兵士们动摇几次就能闹成剧变。辛弃疾对此心知肚明，他原本为战事顺利而高兴不已，但当李、邵二人不和的事情传到江阴，他又莫名地担心起来——他早已在义军中亲眼见到一支队伍团结起来是何等不易，而分裂又是何等地令人心痛。

很快，辛弃疾的预感变成现实。

正当邵宏渊挑动部下的不满时，金军主帅纥石烈志宁从淮阳出兵，前来进攻宿州。邵宏渊远远望风而逃，李显忠却出城将敌人击退。然而，更多的金军蜂拥而至，李显忠苦战不能退。他下令让邵宏渊出城合击敌军，邵宏渊却坐在城楼上对下属说："现在正是酷暑，我就是坐在这里乘凉，还要不断扇扇子，怎么能去戴着盔甲作战?"

看到主将如此，宋军军心更加动摇。

到了夜间，宋军统制周宏故意击鼓大叫逃命，和邵宏渊的儿子邵世雄等人弃军逃跑。接下来，宋军的其他将领也纷纷退兵，整个宿州城乱作一团。这样，李显忠在城外力不能支，虽然斩首敌军两千余，但终究难以独立抵挡金兵。他悲愤地说："假如我军可以努力配合，做到内外夹攻，就是擒获敌军主帅也有可能。看来，这是天意让我们无法恢复中原啊!"最终，他也只能放弃守城，突围而去。

金军夺下宿州，并乘机追击宋军到符离。宋军 13 万大军几乎全部溃散，辎重、粮食、兵器、盔甲，一夜间丧失殆尽。张浚主持的北伐，最终以全面崩溃而告终。

张浚得知前线的败讯，立刻返回扬州。他向皇帝上书请罪，请求自己能够辞官退休，并建议朝廷能够派出使节求和。赵昚非常生气，不愿意求和，并表示愿意继续信任张浚。张浚受到这样的鼓舞，于是重新振作，在前线布置好防守，加强两淮防务，希冀阻止金人的南下。

然而，主和派此时抓住了机会，他们强烈要求和金人议和停止战争。为了平息主和派的吵闹，赵昚最后只好将张浚降至江淮东西路宣抚使，将负有战败责任的李显忠、邵宏渊两人贬职远方。同时重新起用秦桧一派的汤思退作为尚书右仆射、平章事兼枢密使，并且降下诏书，准备议和。这样的人事更迭，让主战派感到心寒。一时间，朝廷中的主战派纷纷请辞，“和平”的空气笼罩在临安城。甚至连退位而不问朝政的高宗赵构也罕见地表态，要求张浚不许对金人“轻举妄动”。

辛弃疾很快迎来了一个让他绝望的消息：皇上支持不住了。

在身边主和派掀起的浪潮中，赵昚表示，愿意遣使求和。但他给求和加了条件，只能割让原先金国要求的四个州城，岁币也可以缴，但是名分、交还“归正人”的条件，不能答应。

到了宋孝宗隆兴二年（1164 年）二月，赵昚再一次诏书张浚，让他巡视江淮。汤思退唯恐和议无法成立，便要求主和派报告军情，说是前线兵力缺少，粮食匮乏，无法作战。结果，赵昚重新犹豫不决起来。不久之后，他将张浚召回朝中，罢免了他的江淮都督府和宰相的职务，让他去福州当地方官员。当年八月，愤懑的张浚在去往福州赴任的道路上不幸病逝。

张浚一死，汤思退主张的和议很快就达成了。他自鸣得意，命令边防停止修建工事，解散了边防力量。结果，金国都元帅仆散忠义趁机渡过淮河，连续攻陷了滁州、濠州、楚州。消息传来，南宋朝野上下一片惊骇，汤思退成为万人指责的对象，赵昚趁机免去了他的职务，而他也在惊惧中很快死去。

到了这一年的年底，辛弃疾终于得到了他最不愿意面对的消息——赵昚派出使节前往金国中都，签订和议，是为"隆兴和议"。

隆兴和议规定：宋朝皇帝要向大金称侄；每年缴纳岁币银绢 20 万两匹；割海州、泗州、唐州、邓州和商洛等地；宋金边界东起淮河，西到大散关。

辛弃疾此时虽然沮丧，却还没有彻底丢掉反攻金国的期待。但让他后来无法相信的是，这一次和议的签订，标志着宋金之间的实力达到了平衡，都需要稳定的环境来维持自身的统治和发展。这一次和议所持续的时间，将是漫长的 40 多年。此后，赵昚将会逐渐磨灭掉原来那恢复中原的热情，并沉醉在歌舞升平之中。到了"隆兴和议"之后的第 25 个年头，这个堪称南宋一代最有天资、最愿意有所作为的皇帝，效法高宗赵构，将皇位禅让给了太子，并在他养老的重华宫中彻底忘记曾有过的壮烈志向，度过了生命的最后时光。

第二节
登临北固山，偶遇范邦彦

几乎在“隆兴和议”达成的同时，辛弃疾离开了江阴。这一年，正是宋孝宗隆兴二年（1164 年），辛弃疾 25 岁。

由于在江阴签判的职位上工作尽心尽力，治下百姓和上官都对辛弃疾赞不绝口。因此，在这一年的冬天，得到上司赏识的辛弃疾被任命到广德（今安徽广德县）军中做通判。通判比起签判要高一些，但仍是州府行政长官的副职。

在广德为官时，辛弃疾逐渐感到了一丝寂寞。他发现，自己在南方虽然被许多人知道，但身边却并没有多少真正的朋友。于是，除了在广德公干的日子，每当闲暇时，他便会去自己南归初时、准备面见皇上而曾经寓居过的京口（今江苏镇江），在那里游历、休憩。这是因为京口不仅有着他喜爱的人文风景，还有着他认识的山东老乡周信道。有这样的友人，辛弃疾才觉得在京口有自己的“根”。

此时，起伏人生中的一段甜美爱情也在向他慢慢走来。

宗孝宗隆兴三年（1165 年）十月，辛弃疾从临安办理公务回来，经过京口。由于时间尚有余裕，他便登上了镇江城北的北固山游玩。

北固山，辛弃疾已经不止一次登临了。每次登临，他都会平添新的感慨。在这里，能够遥望大江，看见长江如同天堑般将神州大地分为南北，加上山脉拱卫，让人产生雄浑苍茫的感觉。

此时，辛弃疾站在北固山的多景楼前，凝望北方，觉得烟雾缭绕，无法看清。他想到北伐失败，痛心不已，情不自禁地念起张孝祥的名词《六州歌头》。正念到词尾“使行人到此，忠愤气填膺，有泪如倾”的时候，身后忽然传来一声赞叹。辛弃疾回头一看，原来有几个仆人模样的人，簇拥着一位老者站在身后。他感知这位老者也是性情中人，连忙施礼。老者忙扶起他，问道：“这位公子看起来气度不凡，志向高远，可以请教尊姓大名?”

辛弃疾谦恭地说：“不才辛弃疾，草字幼安，山东历城人氏。”

“原来你就是辛弃疾！”老者瞪圆了眼睛，“莫非真是那个活捉叛徒的豪杰?”

辛弃疾没想到，这位老先生居然张口就说出了自己的事情，也油然对他产生了好感。就这样，一老一少，两个人在北固山上挑了个亭子坐下，对谈起来。

很快，辛弃疾就知道这位老人名叫范邦彦，字子美，是河北邢台人。老人说起身世，脸上沉静如水，却透露出一丝凄然的神色。

他在北宋末年曾经进过太学院，靖康之难中也曾身陷敌营。当时，范邦彦因为家中有老母，人口众多而无法脱身，只好留在了北方。后来，他想到只有出仕才能有机会南逃，便考中了进士。中举之后，范邦彦拒绝了邢台县令这个可以衣锦还乡的机会，而是自请为蔡州新息（今河南息县）县令。他想新息就在淮水的北岸，有机会就可以回归南宋。

果然，到了完颜亮大举南侵的时候，范邦彦和儿子范如山密商之后决定，向南回归朝廷，并在宋高宗绍兴三十一年（1161 年）十月打开城门，宣布归附宋朝。不久之后，范家家族全部南归，南宋朝廷任命他为镇江通判。

此时，范邦彦已经是近 70 岁的老人了。辛弃疾看着他满头的白发，不知怎么就想到了自己的祖父，对老人一见如故，两人非常投缘。

很快，暮色沉沉。范邦彦爱才心切，感觉和辛弃疾还有说不完的话，迟迟不愿离开。一旁陪伴的儿子范如山说道："父亲，既然辛通判也是路过京口，不如就请他来我们府中小住如何？"范邦彦这才从谈兴中回过神来，连忙亲切地拉着辛弃疾，邀他去府中做客。辛弃疾原本不想打扰老人家，但看到老人如此热情，又不忍推辞，便搀扶着老人一同下山而去。

晚宴时，酒过三巡，范邦彦仔细端详着灯下的辛弃疾，越发觉得他少年英武、才气过人。于是，他摸了摸胡须，微笑着说道："贤侄，你回归朝廷，令老夫这样的残弱之身都感觉增添了一份勇气。不过，眼下你既然安定，家属有没有安顿好？”

辛弃疾怆然道：“禀前辈知，晚生幼年时父母先后而去，由祖父抚养教育。后来起义兵前，祖父也已经驾鹤西游。当初在山东虽然也曾娶妻赵氏，但可惜她福气浅薄，我归附朝廷之后不久，她就在江阴去世了。现在，我还是只有自己一人，倒也算是匈奴未灭，毋须为家了。”

范邦彦正色道：“这句话老夫觉得倒也未必。圣人说，‘不孝有三，无后为大’。再者，大丈夫成家立业，并没有什么阻碍。将来复兴中原，也需要有后人继承你的志向啊。”

辛弃疾不好意思地笑了笑，说：“老先生教训得是，只是我为官之初，身世恐怕漂泊不定，难以能再谈论婚配之事啊……”

范邦彦看到辛弃疾这样稳重，心里更是喜欢，他想了想，还是按捺住了念头，将话题转了过去。但这一切，逃不过同桌的范如山的眼睛。

原来，范邦彦有一位小女儿，名唤如兰，长得秀丽可人又知书达理，从小跟随父亲学过不少典籍。只是家族南迁，诸事繁多，等安定下来，如兰已经25岁，却还是待字闺中。现在范邦彦看到辛弃疾，觉得怎么看都很投缘，便想将辛弃疾招为东床快婿。

当晚，辛弃疾因为牵挂广德军公事，辞别而去。深夜里，范邦彦对儿子谈了自己的想法，范如山也觉得完全赞同。

第二天，范如山就让丫鬟陪伴着小妹出来，将辛弃疾的事迹、人品、相貌、文采，大大地夸奖了一番。如兰其实早就听说过辛弃疾的大名，却没想到他能走进自己的家门。想到这里，她心中如小鹿乱撞，脸上绯红一片，只是低着头并不作声。范如山说得口干舌燥，却不见妹子回应，急切地说：“如兰，你到底有何想法，我好去回禀父亲。要是不说清楚，恐怕人家就不会再来了！”如兰这才小声说道：“如兰愿意一切听父兄安排。”范如山一听，知道好事已成，连忙起身道：“小妹放心，哥哥去给你安排好姻缘。”一句话，让如兰的脸上更添羞赧之色。

其实，如兰之所以到 25 岁尚未婚配，也并非仅仅是因为乱世颠沛。她自幼饱读诗书，仰慕那历史上的英雄豪杰，心中暗暗立下誓愿此生非豪杰不嫁。因为知道女儿的这个心思，范邦彦才多方寻访，想要找一个豪杰人物，只是访到的虽然也有豪杰，可要么是五大三粗的“黑铁塔”，要么是不通文墨的大老粗，全没有能让老爷子中意的，也入不了如兰的芳心。而这一次，辛弃疾这样文才武略的豪杰，上马可杀贼，下马可填词，真是打动了如兰的芳心。

正因为如此，当范如山探听好消息，告诉如兰辛弃疾还要过上一段时间才能来到京口时，她的内心就像被拨动的一池春水那样，止不住地荡漾起来。少女的心思飞到了意中人的身边，想象着他俊朗的面容、多情的文辞，想象着他英武的身姿、传奇的故事，在这样一天天的想象中，如兰等待着自己幸福的到来。

而此时的辛弃疾却毫不知情，他怎么也没有想到，未来的终身伴侣，此时正在望穿秋水，等待他的出现。

第三节

天定姻缘，灯火阑珊

辛弃疾再到京口，果然是一个月以后了。这一次，他是公事后得闲，于是向上司请了数天假，算是放松一下紧绷的心情。

不知为何，辛弃疾在认识了范家父子后，内心油然对这个家庭产生了强烈的好感。从兴起义兵到南渡归宋以来，他有太多的生活是在枕戈待旦的日子中度过的。现在看到这个和谐温馨的家庭，心中那层柔软的东西慢慢渗过坚硬的外壳，引发了他对美好家庭生活的憧憬和向往。因此，假期一被批准，他就乘马来到京口，再次拜望范老先生。

这天，范老先生准备的宴席和上次截然不同。上一次，只是寻常友人相聚的小宴，而今天，他特意让府中安排了丰盛的家宴，还让自己的老夫人也坐在宴会上席。老夫人虽然没有问辛弃疾什么，但慈祥的目光投向他，却是一脸的欣赏喜爱、关怀备至。范邦彦也不像上次那样和辛弃疾畅谈国事，倒是屡屡将话题引到他自己身上，包括喜欢吃什么菜、喝什么茶，衣食住行的习惯如何，在南方是不是适应水土天气等等。就连那些端菜上酒的仆人、丫鬟，也在偷偷观察着辛弃疾，然后抽空窃窃私语几句，夹杂以偷偷的笑声。

辛弃疾何等的聪明，他很快发现自己成为今天范府的焦点。虽然他敢在万军营中全身而退，但面对这些和善而审视的眼光，他还是有些不适应。连跟辛弃疾年纪较为接近的范如山，也是始终带着淡然而神秘的微笑，当作没有发现他的窘态，而是一味地劝他喝酒吃菜。

酒过三巡，范邦彦举杯说道："贤侄能够不弃寒舍褊狭，再次光临，老夫心中甚乐、甚乐！"范夫人也不停地给辛弃疾夹菜，说："尝尝，这是我亲自下厨做的。"

说着话，范老先生递给如山一个眼色，如山马上明白过来，说："幼安贤弟，我听说，你虽然是义军的将领，但其实可是书香门第出身，填得一手好词。如此说来，贤弟应该精通音律啊！"

辛弃疾谦虚地说："不敢，不敢。不才的确喜欢胡乱做一些诗词，也得到过名师的指点，只是这些年忙于征战和公务，功夫还欠缺火候。"

听说辛弃疾喜欢诗词，范邦彦立刻来了兴趣，说："是吗？就请趁此雅兴，吟诵贤侄的壮词如何？"

辛弃疾想了想，便在酒桌上清唱一阕。词曰：

万金不换囊中术。上医元自能医国。软语到更阑。绨袍范叔寒
江头杨柳路，马踏春风去。快趁两三杯，河豚欲上来。

一阕词歌罢，深谙诗词的范家父子连连称赞，说这首《菩萨蛮》做得确实是朴实清朗，而其中用典却又妥帖到位。辛弃疾说道："这首词，是不才在江阴就任之初，写给当地一位名医的酬和之作。现在诵来，觉得江阴风景，还是历历在目。"

范邦彦说："江阴景色风物固然属佳者，但京口也同样自有其一番天地。将来贤侄有词兴时，不妨在北固山上做一阕，才算对得起这大好江山！"

说完，范邦彦又同辛弃疾满饮一杯。

范如山回味着刚才的词，和老父交换了个眼色，然后对辛弃疾说："贤弟，愚兄有个不情之请。刚才这首词清唱虽好，但不若有乐器相伴，更能衬出词中的音律之美。"

辛弃疾说："不才幼年时，也和祖父学过些琴法，只是许久不弹，已经生疏了。"

范如山摇摇手说："哪里用得着贤弟弹琴？我家有位妹子，是父母的掌上明珠，不妨就请她出来，和贤弟共诵一阕，以博父母大人一笑如何？"

辛弃疾刚要劝阻，范邦彦已经招呼家人："请小姐出来。"

家人遵命而去，不一会儿，只听见珠环玉佩之声，一个贴身丫鬟陪伴着一位小姐走到大厅中。只见如兰低着头，先是向座上的父母行了礼，又见过了兄长，并不看一眼辛弃疾，兀自坐在仆人们早已安置好的古琴旁边。

范如山笑着说："贤弟，再和着琴音，你我同诵一阕《菩萨蛮》如何？"

辛弃疾连忙应和道："好，好！"话音未落，清脆流畅的琴声已经从如兰的纤纤十指下传来，先是低回婉转，继而铿锵跃动，一番往复回环之后，调子端正走到《菩萨蛮》上。范如山才力也不浅，早已背下了刚才的词，这时便拉着辛弃疾，带着酒兴高歌一曲，让堂上的范家老夫妇看得喜不自胜。

一曲歌罢，如兰羞涩地站起身来，向辛弃疾低低道了万福。辛弃疾看了一眼如兰，但见她气质秀丽，果然是兰心蕙质的女子。如兰却早已双颊绯红，在丫鬟的陪伴下走下堂去。

范邦彦情知一对年轻人彼此印象颇佳，便也乐呵呵地看了看夫人，见夫人微笑着点了点头。于是他便示意家人将酒席撤去，奉上清茶，宾主落座畅谈。

范如山首先说道："幼安兄，刚才这番词曲，可算是今天的雅趣了！其实，今日老父准备这个家宴，既是对你来京口的欢迎，也是另有一层深意的。"

辛弃疾心中一动，说："不知道老先生有什么高见，弃疾愚笨，只请老先生示下。"

范邦彦摸摸胡子，哈哈大笑，说："贤侄啊，这么说就见外了。我虽然痴长了这么大的年岁，可心胸里却从未服过老，所以当时在北固山一见到你，我就引为知己，觉得你是个忠肝义胆之人。实不相瞒，老夫膝下这个小女，名唤如兰，今年已二十有五，她自幼仰慕的就是贤侄这样的英雄人品、文才武略。虽然她才貌平平，但如果许配于你，恐怕也是人间的一桩美事。不知道贤侄意下如何?”

辛弃疾虽然早就察觉出气氛的异常，但还是没想到范邦彦开口之后居然是要招他为婿，顿时面红耳赤、低头不语。他想到，自己已经25岁，按理说也确实可以再娶亲，只是如此漂泊寓居，他生怕耽误了人家的闺女，更何况，这次可是续弦……

这时候，范夫人似乎看穿了他的心思，便温和地开口说：“贤侄，你也不用担心。虽然你现在只是小小通判，但我们范家虽然说不上有什么家业，倒也不缺吃穿，更不是寻常那种嫌贫爱富的门第。再者你也不用担心是续弦，怕是亏待了我家如兰。其实我们家老爷，从年轻时就是个不拘束于礼法的，只要你和我女如兰成了一家人，今后生活美满，我们也就知足了。”

辛弃疾再看看范如山，对方也是报之以支持和信任的眼神。辛弃疾思前想后，觉得如兰小姐无论才貌都是自己中意的，而范家能够看得上孑然一身、漂泊江南的自己，更是莫大的缘分。这样的婚事，自己要是还错过，又怎么对得起如此家庭的厚爱，如何做顶天立地的大丈夫？于是他欣然同意，当即报上了自己的生辰八字。

范邦彦拿过辛弃疾的八字，端详一番，说道：“可巧了，你和如兰是同年出生，只是她日月稍后，这可是天定缘分?”

说着，范邦彦便让人拿来小姐的生辰帖子，当场取卦。果然是姻缘美满的吉卦，这让范老夫人眉开眼笑。

范邦彦说，眼下时局动荡，国家不安，一切礼数并不需要太繁杂，均可从简。辛弃疾觉得，婚姻大事不可草率，不能委屈了范家小姐。于是他提出，既然婚约已定，自己就立刻回广德军准备一番，然后迎娶小姐。

第二天，辛弃疾匆匆告别范府，回到广德军。他准备了几份礼物，挑选了良辰吉日，向上司告假后，专程来到京口和如兰小姐成婚。新婚燕尔，一对璧人在范府住了十来天，然后一起回到了广德军。其时，通判虽然不算什么地方大员，但朝廷发给田地八顷，再加上俸禄，两人过日子也是绰绰有余。

重新获得了家庭的温暖，辛弃疾开始有足够的时间和心境来整理自己多年来对宋金形势的想法，很快，他写下了名声显著的《美芹十论》。

第四节
奋笔疾书，谏言衷肠

《美芹十论》最初的写作愿望，早在张浚北伐的过程中就已经在辛弃疾心中萌发了。这次北伐发生在辛弃疾南归不久之后，更是南宋朝廷对金国所作的第一次主动进攻，因此辛弃疾很想将自己对金国的了解写成文字，书面报告给朝廷。

然而，这样的文字还没有形成，北伐失败的消息就已经传来。之后，就是朝廷内部持续的辩论，并签下了让众多主战派感到痛彻心扉的隆兴和议。这一切接踵而来的变故，让辛弃疾难以接受、忧心忡忡。他尤其联想到数年前自己趁着完颜亮南侵时举起义旗，那时候整个中原、山东，抗金形势一片波澜壮阔，收复失地看起来似乎近在眼前，但却由于朝内主和派拒绝予以援手，战机不断贻误，导致前线的金军从容撤退，坐看机会逝去。而张浚北伐，虽然是激动人心的，但和之前的时机相比，已然从一开始就埋下了失败的种子。

缺乏对战机的看重，缺乏对形势的判断，缺乏对敌手的了解，缺乏对全局的观察！

当家庭的温暖重新来到身边后，辛弃疾得以放松的思绪再次围绕着这些观点发散起来。他再也不愿等待、沉默下去了。忧国忧民的内心情感、对主和派等贻误战机的愤怒，在激烈地发生着冲击。于是，他很快写下了十篇文章，共17000字。辛弃疾将这十篇文章命名为《美芹十论》，并在当年上呈赵昚。

在《美芹十论》中，辛弃疾全面阐述了自己对于当下宋、金形势的见解，具体而深刻地分析出了金国的弊端，系统地提出了自己的建议，并从政治、经济、军事和民心等方向展开了论述。因此，这十篇文章实际上是对完颜亮南侵、张浚北伐这两次重大战役做出的总结，其中蕴含了辛弃疾的政治见解，也富含了他对大宋朝廷和人民的热爱之情。

辛弃疾在写作之前，就想要向赵昚提出以下几方面的看法：首先是评价和战的不同，其次是评价金国的具体态势，再次是总结张浚北伐的经验教训，最后则是对朝廷策略提出建议。

设想好整个框架，辛弃疾屏息静气，投入文章的写作中。

第一个问题，辛弃疾想要在文中向皇帝说清楚宋金的对峙形势。他回顾了“靖康之变”以来的40多年内，宋金在打打停停过程中的历史教训。他总结出，无论宋金和或战，其节奏掌握的主动权始终都在金人的手中，而朝廷却总是处于被动的局面中。对此，辛弃疾指出其问题的根源，那就是动辄考虑议和。

用这样的态度，辛弃疾实质上否定了朝廷中主和派的观点，单刀直入，指出了从秦桧以来这种求和政策的危害性。

当然，辛弃疾并非仅仅指出问题而已，在接下来的部分，他对金人的弱点做出了明确、深刻的陈述和分析。

他首先指出，金国看起来地域宽广、财力丰厚、兵多将广，但实际上却有着三大问题：第一，金人统治的疆域虽然看起来广阔，但实际上却很容易分裂；第二，金人的财政收入看起来很多，但实际上并不能保证持久稳定；第三，金人的军事力量看起来强大，但相互之间很难协调，而且容易发生内讧。更何况，金国的大小官员之间，甚至皇室成员之间，喜欢互相猜忌、互相残杀，这样很容易削弱他们的内部力量。

写到这里，辛弃疾整理了一下思绪。他抬起头，看着府衙院子中已经迎霜开放的蜡梅那傲骨坚韧的形象，似乎看到了在江淮大地上和自己曾经并肩作战的英勇义士们。

在下面的篇章中，辛弃疾决定进一步巩固赵昚主战的信心。他知道，皇上并非不愿意收复中原，而是因为他长期被主和派包围，听到的全都是不利的消息，只能是越来越担忧。而辛弃疾决定让皇上看到金国的虚弱面。

为此，辛弃疾指出了金国的“三不敢”。

所谓“三不敢”是指：第一，金国不敢必战。完颜亮调动金国军队主力向南侵犯后，结果反而出现内乱，并且兵败身亡。这样，金国南侵最多也只能调动边防军队，而依靠边防军队也很难取得战争的全面胜利。第二，金国不敢必胜，以边防形势而言，海州、泗州、唐州、邓州这些城池，已经被宋军收复，而金国军队一直没有将它们夺走，可见金兵并没有出兵必胜的能力和信心。第三，金国不敢必攻。这是因为在更加遥远的北方，有对金国统治并不顺服的契丹等少数民族，而在黄淮流域之间，百姓们虽然暂时屈服于金国的统治，大都听从调遣，但这样的调遣并不能确保他们就不会找机会起事。有这样的“三不敢”，为什么要害怕金国呢？

当然，辛弃疾知道，当今皇上也曾经信任张浚这样的主战派，并积极支持北伐。但正是因为原本看似顺利的战况风云突变，直到溃败，赵昚心里才留下了谈虎色变的阴影。为此，辛弃疾决定在《美芹十论》中的第三部分，做出对张浚北伐的客观评论。

在辛弃疾看来，张浚这个人虽然并非十全十美，但他始终是主战派的一面强大旗帜，作为经历过南渡以来历次战事的老将，张浚在北伐之前的表现无可指责，而他本人也是对金国的威慑。因此，辛弃疾在文章中对张浚表现出充分的认同，也对他的失败表现出同情。为了向皇帝表达这样的感受，他在文章中借用越王勾践、汉高祖刘邦和唐宪宗李纯，强调了他们信任宰相的特点。反之，辛弃疾也在文章中指出，北伐遇到挫折后，朝廷就罢免了张浚的重要职务，并导致求和派完全掌握了朝廷的舆论。

写下这些言论，辛弃疾并非完全没有顾虑。他知道，当时求和派依然势力不减，但辛弃疾更知道，自己作为可以直接向皇帝上书的通判，有必要挺身而出，为国家说出自己的看法。

不知不觉，夜色已经降临。辛弃疾看了看，自己在专心致志地写作中，已经写完了十论中的前三篇。他站起身来，走出府衙，只见昏暗的天空中，鸦群飞过，只留下喳喳的叫声……

第五节
《美芹十论》始成

广德军治所并不大，城中只有几条街交错着把住宅区和商业区划分开来。辛弃疾原本就住在府衙中，但和如兰婚后，有了女眷，再住在府衙中多有不便，于是他在离府衙不远处挑选了一处算是僻静雅致的宅院，承租下来。地方虽然不算大，但因为夫妻之间相敬如宾，一样令他感受到家庭的温馨和舒适。

辛弃疾走回家中时，如兰早已在灯下放好了可口的饭菜，等待着他的归来。见到贤惠的妻子，辛弃疾心中一阵暖流涌动。两人用完晚饭，聊了会天，如兰就退了下去，让辛弃疾能够安静地坐在书房，继续他的思考。

外面天色已经完全暗了下来，天空的边缘依稀能够看到点点星辰闪烁。桌上的油灯在面前轻微地摆动，辛弃疾将墨在砚台上缓缓磨开，然后提起他喜爱的兔毫笔，蘸上浓浓的墨汁，用苍劲有力的笔迹继续写他的《美芹十论》。

很快，辛弃疾的思路接着白天的想法延续下去。

在隆兴和议之后，朝廷究竟应该怎么做，采取什么样的策略，才能应对未来的变化局面？这正是辛弃疾一直以来所思考的问题。而这天夜里，所有的思虑全都成熟起来，化作他笔下激情满怀而又严谨细致的文字。

在自治篇中，辛弃疾主张皇帝停止岁币、迁都金陵，从而有效振奋三军将士的士气，鼓舞中原故民的信心。他写道，只有做到这两点，才能“其形必至于战”。而只有做好战争的准备，才能强化民心和军心，反之，立足于盲目的和平，只能导致亡国。因此，对于那种一味退缩、寻求无代价的和平的政策，辛弃疾从来都是唾弃和厌恶的。

第五篇则是守淮篇。辛弃疾结合自己在山东归来的经验，同时总结了张浚北伐的教训，提出建议说，应该挑选十万精兵，分别屯驻在山阳（今江苏淮安）、濠梁（今安徽凤阳）和襄阳（今湖北襄樊）三处城池，并在扬州或者和州两处建立一府来对三处防务进行管理。这样，就能形成犄角之势，防止金军的重点突破，也能在进攻时成为发起反击的桥头堡。

这样的见解，展现了辛弃疾在战略上有相当的高度。他从来都主张“守江必守淮”的论点，因为两淮平原是北上中原和南下江南的连接点，是防止金军南攻的重要门户，如果两淮防务松弛，那么原来被称为天险的长江也就失去了其应有的战略价值。

第六篇说的则是屯田。辛弃疾知道，当时在南宋的江淮地区，有着更多默默无闻的“归正人”。这些人散居在江淮各地，经常被大唱和平论调的朝廷高官们抱着鄙视的眼光看待。这些高官们畏惧金人，进而怀疑“归正人”，他们觉得所谓归正的军民，都是带着野心回到江南的，他们一旦团结起来，就会产生突变。因此，高官们不仅反对接收安排这些人，更反对将他们组织起来。

但辛弃疾本身就是“归正人”的背景，他知道，一直遭受着金国欺压的北方军民，之所以想要回到南宋，是因为他们希望在回归之后能够得到善待。但残酷的现实却是，当许多中原百姓回到南方时，他们又会遭受到南宋官僚的冷眼、嘲讽，甚至是同样的苛捐杂税。在这种逼迫之下，他们中的部分人又会重新选择回归北方。但是，这种表面上的“反复”，并不是中原军民的过错。如果朝廷能够将他们有效组织起来，编制成为军籍户籍，进行屯田，那么这样既可以稳定归正而来的军民士气，又能够增强江淮地区的防卫力量。

停顿了一下，辛弃疾继续低下头去，运笔如飞，半点没有停下去的意思，他现在只想一吐为快，哪怕皇上看不到这封上书，自己也能出一口胸中长期被压制的闷气。

接下来的第七篇，他想告诉皇上的是“致勇”的重要性。虽然南归才数年，但辛弃疾对于南宋军队的整体情况已经有了细致的观察。不得不说，军队的表现是辛弃疾南归之后感到最失望的地方。用一个词形容，那就是“将骄卒惰”——他不留情面地将这个词写到了奏章中。

辛弃疾说，符离之败，虽然表面上突然，但实际上并不奇怪，就是“将骄卒惰”导致士兵动辄看到敌军就逃跑，几乎每一次都会败坏国家的大事。而指挥者方面，则文臣大都不懂得军事，武臣又因为没有受到监督而故意养兵自重，已然没有了太祖、太宗皇帝时锐意统一的进取之心，更遑论能有资格比肩神宗皇帝时的“五路伐夏”。对此，辛弃疾建议，应该在文臣之中挑选那些廉洁、稳重、变通、机敏的人，担任前线军队中的参谋。这样，国家一旦有战事，就能做到文臣和武将相互监督并配合，从而提高军队的战斗能力。

另外，辛弃疾还建议，对于那些建立了战功的武将，不应该随便就给予封赏，而是应该留有余地，便于皇上对他们实行新的激励政策。他举例子说，以前那些偶尔攻取一个敌军城池、击沉几艘敌军战舰的将领，皇上就封给代表最高赏赐的节钺等，无异于拔苗助长，教训是非常惨痛的。辛弃疾认为，应该采取积极态度来重新检讨如何对军队统帅进行奖励，从而加强部队的战斗力。

写到这里，辛弃疾想到了他刚刚回到南宋时听说的最为诧异的事情。那还是在江阴军时，一位曾经经历过高宗初年、绍兴南渡的老兵告诉他，当年韩世忠这些将军们，不论其私德如何，都习惯于挑选部下士卒，为自己营建别墅、庄园，将国家的军队看作自家的民夫工匠。而对于这样的习惯，高宗不仅不生气，还表现得相当高兴。辛弃疾不免在内心中隐隐感觉到，高宗难道就像当年的秦始皇，看到部下忙于扩充自家宅院，才能了解到他们没有政治上的野心？此时，辛弃疾想到这一点，心中不免不寒而栗。当然他虽然内心激动，但还是不敢写得太深，只是顺带一笔，提到将帅应该爱护士卒，而不应该随便驱使他们为私家宅院劳动，更不应该在军队中有意制造贫富对立、苦乐不均的现象，因为凡是历史上有这种现象的军队，没有一支能够持久地保持战斗力。

写到此时，夜已经深了。辛弃疾听听外面，寂静无声，万籁俱寂，他动手给自己倒了一杯热茶，驱赶走寒意，然后继续完成自己的文章。

第八篇的重点是防微。辛弃疾提倡，君主应该在基层人才中进行选拔并加以任用，而不能让这些人才被敌国所用。他举例说，完颜亮南侵的时候，是平江的工匠来帮助金军建造大船，而符离之败，主张金军趁酷暑入侵，也是无锡的谋士为他们出的主意。因此，朝廷应该防微杜渐，避免人才流失。同样，对于那些归附的军民，更应该做到积极体恤，不应怠慢，更不能随意遣返，避免引起他们情绪上的对立，造成叛国投敌。

第九篇，辛弃疾将论锋指向了“久任”这个问题。在撰写这个篇章时，辛弃疾想到的是赵昚任命宰相的政策，时间最长的是一两年，最短则几个月就换人了，其根本原因在于皇上不愿意具体明确是和是战，因此始终不能做决定。在这篇文章中，辛弃疾显然是希望皇上能够更加信任臣子，持续地任用官员，不应因为一时的失败而动摇，也不能因为一时的胜利就盲目相信。

最后一篇，辛弃疾提出“详战”的观点。他写道，兵法有云，如果发生战争，那么更值得提倡的是主动出击，在敌军的土地上作战，而不是在本土作战。因此，只有主动出击进攻敌军，才能做到击垮金军。结合当时的形势，辛弃疾写到山东地区犹如金国之首，而中原、关陕一带则是金国的身体、尾部。如果能够从沭阳出师，攻下山东，则河北也就望风而降；河北投降，则金国的京都也就岌岌可危了。

辛弃疾这样写，并非没有根据，他在山东成长，对燕京情况熟悉，对整个华北也曾多次游历。因此，他才在文章中坚定地说："兵出山东，则山东民必叛虏而为我应，是不战而可定也。"

写完这一篇，辛弃疾长舒一口气，感到胸中的块垒被消解一空。他翻阅着自己今天在纸面上留下的这17000多字，感到其中尽是自己从起兵到南归以来深入实际观察到的弊端、教训，因此议论才能直接切中问题所在。

辛弃疾盼望着自己这十篇文章能够像当年王安石的万言书那样，受到皇帝的欣赏，从而得到施展才华的空间。带着这样的盼望，他打算第二天就通过快马将万言书送往临安，然后交到皇帝手中。带着这样的希望，他吹熄了桌上的油灯，在黑暗中回到卧室。此时，如兰早已经沉沉睡去……

而让辛弃疾失望的是，从《美芹十论》送出之后起，他就再也没有听到朝廷对这篇万言书的任何观点，甚至连赵昚是否看到这篇奏章都不得而知。

第六章／生路多艰，壮志未酬

有时候惊醒酣睡的人，只需在最美妙的梦境中插入一段现实。

第一节

一纸调令，闲愁千斛

辛弃疾在广德军等待了足足四年。这四年之间，他每天盼望着从临安传来消息，这些消息或是皇上愿意召见他询问具体想法，或是执政大臣愿意起用他来施展才能。然而，这样的期待，终于变成满腔的失望愤懑。伴随着每天早起晚归的平淡公务生涯，辛弃疾感到胸中始终有团火在熊熊燃烧，但却看不到燃烧的火苗能照亮自己身边任何一处角落。

四年之后，宋孝宗乾道四年（1168 年），辛弃疾已经 29 岁了。他等来的不是设想的一切，而是一纸调令，让他从广德军通判调到建康府担任通判。

建康从前朝就为天下所公认的六朝古都，也是本朝的行宫。建康城江山形胜、龙盘虎踞、形势险要。建康本地的最高行政长官是行宫留守史致道，他早就听闻过辛弃疾的才能，因此才力求朝廷将他调到自己手下。当时，同样在建康城围观的，还有淮西军马钱粮总领叶衡、江南东路计度转运副使赵彦端、江南东路转运判官韩元吉、通判严焕等人。辛弃疾骤然发现这里的视野比起广德军要开阔许多，而与周围人的交往也要比广德军更让人惬意，于是他和这些同僚们成为好友，经常相互交往。也就是从此时开始，辛弃疾心胸中的那团火似乎暂时被隐藏了，而为了忘记那团火焰，他重新捡起了自己少年时喜爱的词作。

因为词，未及而立、血气方刚的辛弃疾开始更加细心地发现那些原本并不引人注意的美景和美色。由于夫人如兰身体瘦弱，在她的劝说下，辛弃疾身边多了一位名唤卿卿的侍女。她不仅年轻貌美，还善解人意，能歌善文，将家庭照料得井井有条，对辛弃疾和夫人也服侍得无微不至。而公务闲暇之时，辛弃疾也经常带着她出城游玩，和同僚们宴饮、应和。

在建康，辛弃疾最常去的地方是下水门城上的赏心亭。登临此亭，可以上观金陵，下赏秦淮，因此从第一次登上赏心亭开始，辛弃疾就被这里的风采所吸引。而每当夜幕降临，眼前的秦淮河上停泊着种种不同颜色的画舫，闪烁着亮闪闪的彩灯，传来一阵阵的喧哗笑语，几乎能让这里的人们忘记什么朝廷强弱、国家荣辱，忘记北方的天寒地冻、朔风阵阵。

如果换作年轻时，辛弃疾在祖父严格的家教下，从不会进入这样的社交场合。自从来到南方后，他发现江南士大夫的社交习惯，确实和自己成长环境中的不一样，这里的士人喜欢游玩，重视享乐，喜欢美酒、美乐、美食和美女，即使建康城中这些普通的官员们，也喜欢动辄到秦楼楚馆中举行宴会，在吟诗作赋的同时，还叫上歌姬舞女在旁捧场助兴。一开始，辛弃疾对这样的社交场合很不习惯，但独在异乡的寂寞和同僚的影响，让他渐渐也能习惯于出入这些场合，更通过生活的享受填补了内心的惶恐和寂寞。

然而，辛弃疾在这样的场合从未忘记自己的本性。他虽然喝酒、写词，和歌姬舞女交际，但却从不只是为享受而享受，而是为了抒发胸中被压抑的激情，为了赢得更多的共鸣，或者只是为了在五光十色的繁华世界中暂时忘记自己经历的一切。他为人爽直、胸襟开阔，又有着传奇的战斗经历，因此格外受到社交场合中人们的注意。

这天，在赏心亭上，建康留守史致道大人又举行了一次宴饮，辛弃疾带着侍女卿卿按时赴会。宴席上推杯换盏，好不热闹，而带上几分醉意之后，平日里各自严守上下职别界限的同僚们也没有了那种肃然，相互之间连连玩笑，看起来一团和气。

辛弃疾有了几分醉意，便借故离开了宴席。他走近赏心亭外的栏杆，端详着夜色中的秦淮河，任由夜里的凉风吹动自己的鬓发。放眼望去，在烟雾笼罩的月色中，这座六朝古都似乎多了些神秘和苍老，在默默地诉说着什么。看着眼前的景致，想到千百年来这座城市所发生过的白云苍狗般变换的历史，辛弃疾感到情绪翻腾而不能自已。他一方面怀念着那时候在山东和义军兄弟们激情燃烧的岁月，一方面又为将来的日子感到惶恐：难道自己未来生命的每一天，都要在这样的宴饮欢歌中毫无意义地度过？

正当辛弃疾凝视出神时，身后卿卿的声音传来：“官人，这边风景独好，官人是否又想到了家乡？”

辛弃疾侧头一看，卿卿正温婉地站在自己身边，含情脉脉地看着他。辛弃疾长叹一声，揽过这位似乎随时随地都能读懂他心思的聪明女子，说道：“卿卿，我登高北望，想到中原尚未复归，家乡还在金人统治下，我却在这里享乐，真是惆怅之情油然而生。”

卿卿劝解说：“官人心系中原，真是可敬可佩。只是朝廷自然还有朝廷的大策，他日北伐，建康也是出兵的前线，希望大人能够善自珍重，有机会才能为国尽忠。如果日夜苦思冥想，忧心忡忡，也只能徒添心头之重啊。”

辛弃疾说：“你讲的我固然知道，只是时而心动，不能自已。”

一时间，两人无话，相对无言。

“幼安，你和娇娘躲得好宴！”判官韩元吉带着醉意，大嚷大叫地一把抓住辛弃疾的衣襟，要拖他进亭子中。辛弃疾回头一看，酒席已经撤了，桌上铺就了文房四宝，同僚们也有和歌姬在对唱的，也有专心研磨的，也有人已经写好了小词，正聚在一处玩赏。辛弃疾看了看，只是婉约柔软的词风，不觉微笑。有人眼尖，马上说道：“幼安，你的词作向来是出名的。今天赏心亭上如此盛会，你岂能没有词作？”

其他同僚听见，便连连起哄，让卿卿研好墨，铺好纸张。辛弃疾也不推辞，握笔稍微凝神思考片刻，一瞬间眼前大千世界，都化作纸上浮现出的字字珠玑，他跟随自己翩的文思，握住脑海中奔放回旋的节奏感，忽而眼神炯然，笔走龙蛇，作起词来。众人再看那书法，正是奇、绝、美，不一会儿，一首《念奴娇·登建康赏心亭，呈史留守致道》已然写完。卿卿等那墨汁稍干，便呈交给宴席主人史致道，众人围上前去，看这首新词。

词曰：

我来吊古，上危楼，赢得闲愁千斛。虎踞龙蟠何处是？只有兴亡满目。柳外斜阳，水边归鸟，陇上吹乔木。片帆西去，一声谁喷霜竹？

却忆安石风流，东山岁晚，泪落哀筝曲。儿辈功名都付与，长日惟消棋局。宝镜难寻，碧云将暮，谁劝杯中绿？江头风怒，朝来波浪翻屋。

众人吟完这词，一时间安静下来，人人心头都想到当年东晋谢安隐居东山报国无门，只能用对弈饮酒来寄托壮志的境遇，感受到其内心的压抑和沉重。

这样的安静只有一会儿，史致道便赞赏说："幼安，你的词力果然不凡，看来你文才武略，真是人才。他日朝廷必然有所征用，不会就此埋没的。"

听见上级这样说，大家纷纷附和，而辛弃疾也是向众人频频致谢，时而爆发出醉酒后肆无忌惮的大笑。

在一旁安静观察着这些男人们的卿卿眼中，辛弃疾此时是矛盾的，他享受这种偶然的放纵，又期待有一种生活，可以改变这样的日子。

宴会在欢闹中结束了。日后，辛弃疾还将多次在不同人的陪伴下登临赏心亭，留下一首又一首以此地为背景的佳作。

第二节
《再上九议》

在建康的歌舞升平中，辛弃疾暂时忘记了内心的痛楚。但是，这样的环境并没有麻木他的斗志。事实上，辛弃疾的生活环境很快也就得到了改变。

宋孝宗乾道六年（1170 年），辛弃疾 31 岁，在建康留守叶衡的大力推荐下，终于得到了赵昚的重视。赵昚下诏，召辛弃疾立刻到临安，并加以召对。

消息传来，辛弃疾异常高兴。他立刻请范如山来到建康，照顾身体不太好的如兰，自己在侍女卿卿的陪伴下，精心草拟了两份奏疏，准备在召见时面呈皇上。这两份奏疏分别是《论阻江为险须藉两淮疏》和《议练民兵守淮疏》。

很快，令辛弃疾激动的时刻到了，他来到临安城皇宫的延和殿，应对皇帝的咨询。为了准备好这次应对，辛弃疾在心中默念了许多遍自己想要对皇帝恳切陈词的话语，甚至连自己的语调都反复揣摩和分析。

直到召见结束，辛弃疾才明白，自己的准备很大程度上是多余的。赵昚虽然召见自己，但自己甚至连皇帝的脸面也没看清楚。他高高地坐在龙椅上，声音不大，对自己似乎说了几句宽慰的话，然后就是由皇上的内侍宣布，辛弃疾谢恩！

这样的召对，简直和仪式没什么区别。辛弃疾虽然在皇宫内没有流露出任何的不满，但他内心却再一次相当失望。他甚至很想找一个人问问："既然要召对我，为什么就不能像当年神宗对王安石那样当面深谈？是因为自己并不纯正的'归正人'血统，还是因为自己这个连当年王安石都比不上的卑微职位？如果有种种障碍，那么又何必要走这样的召对过场？"

辛弃疾不想再想下去。

好在这一次进京面见皇上并非一无所得，辛弃疾的那两篇奏疏、应对时表现出的才能和经验，再加上他本人的名声，还是打动了孝宗皇帝。再加上虞允文对他的欣赏，辛弃疾被任命为司农寺主簿，短暂留在了临安城中任职。

能够在天子脚下为官，辛弃疾感到异常兴奋。因此，他很快决定要再一次用上书的形式向心中的目标发起冲击——在此时，上书也是他几乎唯一能看到的希望了。

辛弃疾吸取了上次的教训，不再希冀于能够直接得到皇帝的持续关注，而是将上书目标对准了当朝宰相虞允文。

虞允文以文人带兵出名，在采石矶击败金兵，成为南宋主战派的旗帜。辛弃疾将满心期待灌注在他身上，将他看作领导未来军民北伐的最合适人选。然而，辛弃疾也听说，虞允文身边有着一帮挥之不去的主和派，他们每天叫嚣着北伐是“孤注一掷”，是“为国生事”，主张北伐的人不是爱国爱君而是为了谋取个人的私利，于是这更促进了他上书的决心。

就这样，辛弃疾又写下了九篇文章，合称《九议》。

《九议》在结构上前有引论，后有结论，其基本内容和他曾经给皇上的《美芹十论》有所相似，但是其论点则更加集中，分析得更加透彻，论述更详尽。大体来说，在这九篇文章中，前三部分论述抗金北伐所面对的战略任务，中间三篇文章则指出了抗金北伐的战术方法，后面三部分则重点论述了抗金北伐应该采用哪些保障措施。这九篇论文思虑更加周详，对现实形势解读清晰，有着很强的指导意义。

辛弃疾在文中提出，恢复中原，应该是为祖宗社稷、为百姓苍生，而不应该是为了某一个人的荣华富贵。因此，他建议虞允文应该用更多的精力和时间去寻访大江南北的英雄豪杰，从中挑选出十多位懂得军事和时局的士人，组成智囊团，形成枢密院的属官团队，规划出抗金北伐的战略并上报朝廷，成为皇帝作出决策的重要依据。

另一方面，辛弃疾提出，由于抗金北伐是国家的重要战略方针，因此并不能轻易决定，而要做好长期作战的思想准备。为此，辛弃疾指出，要做好不求快、明确先后顺序、能够接受失败这三种准备。

不求快，是因为在当时的朝野上下，有不少主战派相当天真，他们幻想能够很快打败金国。对于熟悉金国的辛弃疾来说，这样的想法确实不切实际。不仅如此，主战派过于求快，反而会轻率冒进，欲速不达，导致战争的失败。这是因为朝廷并没有掌握可以迅速胜利的实力和优势。

明确先后顺序，同样是战争准备的重点。辛弃疾在《九议》中比喻说，战争和下棋一样，有着各种各样的变化。因此，能够在这些变化中抓住先手的就能获得胜利，反之则只会失败。

辛弃疾想到，在曾经的北伐过程中，正是由于将帅之间不和，没有处理好前线诸事的先后和重点顺序，失败才难以避免。因此，未来的北伐，必须要真正处理好训练军队、运送粮草、采用计谋、攻城略地之间的先后顺序，这才能做到“审先后”。

而在面对暂时的失败时，辛弃疾则看到了胜不骄、败不馁的重要性。虽然这样的原则说起来很简单，但是对于朝廷上下来说，他们往往容易在看到胜利时喜出望外，一旦不利则迅速动摇。对此，辛弃疾奋笔疾书，“不能忍，则不足以任败；不任败，则不足以成事”。

除了这些战略决策态度之外，辛弃疾认为，出兵北伐想要获得胜利，还应该积极采用灵活多变的战术。他恳切直率地指出，那些善于用兵的将领，实际上全都是善于暗地运用谋略的人。谋略的价值对于防守来说，要比城池还要坚固；对于进攻来说，要比兵刃还要猛烈。因此，在战术上，宋军将领必须要从攻守两个方面出发，想方设法地让敌军处于被动的角色。例如，当金国调动军队缓和时，我朝就应该宣布断绝岁币、准备开战；如果金军准备急促，那么我朝就应该挖掘深沟高垒，准备进行持久防守……采用了这样的方法，等到北方发生变故时，再趁机出击，取得胜利。

除此以外，辛弃疾甚至还设想了战术层面的具体部署，包括以下策略：

反间计——可以利用间谍，在金国内部挑动反间，这样无论是上到朝廷肱股的大臣，还是下到守卫州府的普通士兵，都有可能成为乱因。

声东击西计——可以采取佯攻的方法，先是将兵力聚集起来向西佯动，然后再声称要从荆州、襄樊地区出兵；继而再从淮西集中兵力，摆出进攻汴京的样子；同时再派出水军沿海北上。这样，敌军的防守财力和士气就会被充分消耗。然后再趁机派出猛将突袭山东，这样已经疲弱的敌军难以迎战，而想要坚守却又难以等待外援，如此山东就能够拿下。之后的河北、燕山一带，则可以更加顺利地攻克。

当然，辛弃疾并非一介武夫，他知道只依靠军事层面的战略和战术，是不足以让宋朝有充分优势的。因此，在写给虞允文的《九议》的最后部分，他提出了富国强兵的建议。

所谓强兵，除了训练士卒之外，应该集中注意力在整修兵器、储备军事物资、改革军队管理制度等方面。辛弃疾建议说，这一切的进行应该保密，不能让金军发现。而所谓富国的策略，则主要包括节约不必要的开支、减少民众的负担、给予他们应有的优惠政策，这样才能通过“内厚其民”而做到“外倾其敌”。另外，还应该适当考虑迁都的选择，而并不应该只是执着地固定在一个城市。为此，辛弃疾甚至专门分析了四种迁都时可能面对的情况：迁都建康，是不得已而为之，因为不迁不足以展示出北伐的决心；在迁都建康之后，还要继续恢复中原，这是在迁都后又当建都；然而，国家实力目前有限，迁都会动摇国本，这是不可得而迁都；战事尚未开始，就先行迁都，容易暴露本朝战略，这是未可得而迁都。

综合上述分析，辛弃疾建议，目前并不需要迁都，而到了北伐开始，当军队即将渡过淮河的时候，就应该迁都建康，从而大张旗鼓。而当军队已经渡过淮河之后，还应该将都城迁到庐州、扬州一带，从而能够更进一步决定胜负。

辛弃疾在写作《九议》时，对北伐的思考比起刚刚南归时已经更加成熟、更加全面和客观。因此，他所提出的建议更加具有针对性、更加切实可行。如果说《美芹十论》带有一些理想主义的色彩，那么《九议》则显得不偏不倚，的确能够引发朝廷对北伐一事的心动。

正因为如此，辛弃疾花费了将近月余的时间在这篇长文上。他细心地琢磨分析，并逐字逐句地修改，希望能让文章被同样是书香门第出身的虞允文看中。

可惜，命运是无情的，由于种种原因，虞允文并没有对辛弃疾的《九议》给出明确的答复。辛弃疾胸中那团热火，再一次不得不暗淡下去。两年后，也就是宋孝宗乾道八年（1172 年），33 岁的辛弃疾在司农寺主簿上任期已满，被朝廷外放到滁州。他经营地方、施展才华的希望，终于得到了一定程度上的实现。

第三节
艰难的任命

滁州，地处淮中，向东和楚州、扬州遥遥相望，向西则连接着庐州与和州。因此，滁州犹如在两淮相接之下投入的一枚棋子，决定着江淮之间地区的安稳。这次朝廷所给出的任命，在一定程度上和辛弃疾重视淮河流域有关——不论是虞允文还是赵眘，都想用这样的任命来检验一下他的真才实干。

辛弃疾当然知道这种任命背后的含义，他毅然受命，慷慨赴任。在他看来，这种越是艰难重要的地方，越是能够展现出自己的能力。因此，他难免踌躇满志，希望到任滁州后就大干一番，这也是他在南归之后可以真正独当一面的机会。辛弃疾想要用事实证明，自己不仅会写论文在纸面上展示自身，更能够胜任地方的实际事务。

然而，现实很难像诗词文章中那样充满激情和理想，虽然有着思想上的准备，但到了滁州以后，辛弃疾还是被这里的情况震惊了。

在辛弃疾的印象中，滁州原本是位于建康西北的名城，这里扼守江淮，是南北交通的要道、商贩们集中的地方，唐代以来经济颇为繁盛。然而，当他真正踏上滁州的土地后，凡是目力所及，大多是荒凉凋敝的景象。城中没有什么宏伟的建筑，甚至连临安城、建康城中寻常见到的酒楼、茶馆都很少。相反，市民们大都只是在瓦砾堆旁边勉强搭建一些茅草房屋来栖息生活，而街道上看到最多的也是灾民和乞丐，即使偶尔看到小小的集市，也只是在卖着野菜和粗粮。

在城中和几个百姓交谈之后，辛弃疾才明白，由于多年的南北战乱，滁州的商业受到很大影响，连外地的商贩也不敢来此地做生意。然而，原本的赋税却没有降低，成为百姓们肩头沉重的负担，再加上滁州这两年连续遭受水旱灾害，百姓们谋生更加艰难。这样，滁州整个地方差欠了朝廷巨额税款，百姓们无力偿还。相比江淮地区的扬州、和州，滁州始终没有获得喘息的机会，和它的战略地位完全不相称。

这种局面，在辛弃疾看来无疑是沉重的，滁州如果不能迅速恢复经济，就会导致民心动荡，金国一旦来攻，其很容易成为防线中最易崩溃的漏洞。

辛弃疾因此而深深担忧。他发现，经济上的衰弱，会直接造成军事防守上的无能。到任伊始，他就巡视了府库的军事装备，发现武器严重缺乏，军队中的人数也有不少空额。带兵的偏将说，农民们碰到灾荒，大都出去逃荒了，谁也不愿意报名参军。

看来，问题还是在农村。

辛弃疾出生在农村，对这样的社会阶层并不陌生。他带着随从来到乡间，看到的是稀稀拉拉的秧苗散布在水田中，而农民们面有饥色，依然在无助地农作着。山坡上，农妇们忙忙碌碌地在采摘着什么，辛弃疾走过去一看，心头不禁酸楚，她们采摘的是刚刚长出的野菜。有人眼尖，看到辛弃疾一行人等来了，连忙提醒周围的同伴，大家纷纷跪倒说道："老爷，请朝廷发点救济粮吧，眼看野菜就没有了，我们没有活路了啊。"

辛弃疾眼泛泪光，他最见不得百姓受苦。于是他亲手将跪拜在山坡上的农妇们逐一扶起，好言抚慰。

这样的惨状，让辛弃疾神情黯然，又巡视了一会儿，他脚步匆忙地离开了乡间。跟从的随员提醒说："大人，天色不早，还是早点回城中吧。听说，夜间这里狼群出没，专门袭击乡民。"辛弃疾长叹一声，说："若是天下盛世，又怎么会有这样的事情？自从隆兴和议以来，两淮无一处不在恢复中，为什么只有滁州到现在还如此荒凉？我虽不才，但被朝廷任命为这里的父母官，就一定要改变这样的情况！"

果然，在滁州上任刚刚一个月，辛弃疾就走过了这里从城市到乡间的许多角落。自幼年起，北宋欧阳修的《醉翁亭记》就流传世间，让人们了解了环绕在诸山中的滁州有着怎样的美景，也让辛弃疾对醉翁亭产生了憧憬和向往。小时候，每当他读到《醉翁亭记》

时，眼前浮现的就是在酿泉之上、琅琊山中，掩映在树林中的醉翁亭。而他真正去拜访古迹时，看到的却是已经倒塌了半边的亭子，一片荒凉中，时而有黄鼠狼穿梭其间，再也看不到强宋时那种“往来而不绝”的景象。

越是这样，辛弃疾给自己的压力越大。夜里，他辗转反侧，难以入眠，不由得从床上轻手轻脚地起来，来到书房，点亮了油灯，决定上书朝廷。在上书中，他言辞出奇地谦恭，请求朝廷能够将滁州当作边境和前线，减免历年来滁州老百姓所欠下的赋税。同时，辛弃疾也在上书中再次向朝廷指出了滁州战略位置的重要性，并迫切地建议朝廷能够允许他尽快振兴滁州。

这一次上书，终于得到了朝廷的重视，虞允文很快同意了他的要求。这样的消息传来后，辛弃疾喜出望外。他计算了一下，自己替滁州百姓所减免的赋税高达580多万两，犹如替整个滁州城的百姓们减去了胸口的巨石。对此，滁州百姓们除了感谢朝廷，更感谢这位一开始上任就能够为民请命的知州大人，并对他寄予了更多的期待。

辛弃疾明白，既然向朝廷请来了减免的政策，自己就更要作出一番事业。他思来想去，寻找着破解经济发展停滞的策略，却始终理不清头绪。

这天，满心烦躁的辛弃疾偕同夫人如兰和侍妾卿卿，来到滁州城外的南湖游玩散心。随着天气变暖，如兰的身体逐渐康健起来，辛弃疾更会在公务之余，抽空陪伴她出行，既能愉悦心情，也能锻炼身体。三人看着湖光山色，听着耳边的鸟语，也别有一番野趣。

如兰指着远处波光粼粼的湖面说："官人，你看那湖面，如果要是再有活水而来，岂不是更添美景？"

说者无意，听者有心，一番话激醒了辛弃疾。他一把握住了如兰的手，说："贤妻，你真是提醒了我！"说着，辛弃疾就唤来卿卿，让她记录下自己的上书草稿。

原来，辛弃疾想到，滁州的经济之所以难以迅速恢复，是受到战乱的影响而封闭。因此，如果不去积极地招来外地的商贾，就只能坐等着这座城市自生自灭，犹如一潭死水。而现在，战乱已经基本平定，金人一时半会儿不会再南侵，正是采取措施积极收复民心、招来商贾的大好时机。

说干就干，辛弃疾马上回到州衙，召集下属前来议事。最终他宣布，凡是从滁州过路的商贾，无论在不在此地经营，只收取既往关税的3/10。这样有利的减免措施，在之前附近无论哪座城市中都没有过。因此，消息传出，商贾们一开始多有怀疑，但随着胆子大的人率先来到滁州之后，更多的商贾们全然相信，纷纷挑着担子、赶着马车来到滁州经商。一时间，滁州人气旺盛，商人们带来的商品集中起来，逐渐形成了大的集市，随之而来的是酒楼、茶肆、旅店等重新开张，街上的店铺也逐渐增多，城市出现了繁荣的苗头。

为了能够吸引并留下这些外地的商贾，辛弃疾调动城中的民夫，到滁州附近的山中砍伐木材，烧炼砖瓦，并兴建起了瓦子、茶楼这些娱乐场所。之所以如此，既是为了促进百姓们的和气，也能够带动滁州名气的传播，以此吸引来更多的富商。为此，他还亲自给城中最大的旅店题写了店名，称为“繁雄馆”，其中也蕴含了这样的深意。

城内的繁荣苗头，又吸引了不少已经逃荒到外地的农民重新回到故乡，重新开垦土地并发展生产。这样，滁州的生机越来越兴旺了。

可是，百姓们来到滁州之后，新的问题也随之产生了。他们缺乏能够居住的房屋，只能住在简陋的茅草屋中，遇到风吹雨打时，经常全家人聚集而无处可避，只能瑟瑟发抖。对此，辛弃疾早就成竹在胸，他命令官府拨款，将库银借贷给百姓，让他们想办法先筑起砖瓦的房屋，然后再举家搬迁进去，从而安居乐业。百姓们拿到库银之后，无不纷纷感谢辛大人的仁政。

也是天公作美，辛弃疾来到滁州的第一年夏天，水旱灾害踪迹全无，迎来了丰收季节。百姓们获得温饱，大都偿还了贷的银两，于是州中的财力也就更加充实了。

就这样，辛弃疾在滁州不过一年光景，整个城市就如同洗去了满面尘垢的女子，重新焕发了美貌。滁州显得勃然生机，成长在江淮大地上，往日的那种萧条黯淡已经一去不复返了。

第四节
高楼相会，酒令诗筹

手头有了钱，辛弃疾感到一颗心放了下来。可以说，从小时候到义军起兵，再到南渡为官，辛弃疾从未如此强烈地感受到金钱的重要性。但现在他发现，随着滁州整个城市的兴旺，府库里面钱多了起来，自己才能做计划中的另一件大事——加强军事力量。

滁州虽然扼守两淮流域，有着很重要的战略位置，但是长久以来，宋朝朝廷并没有在这里驻扎正规军。这样松弛的防守意识，也就更谈不上做好战备。这在重视军事的辛弃疾看来，当然是无法容忍的。

辛弃疾决定，不依靠朝廷，而是发动民众，建立一支强有力的地方军队。这支军队可以是寓兵于农的，也就是说，让他们在农忙时回到各自村庄务农，而在农闲的时候集中训练。这样，万一金国来袭或者再一次开始北伐，这些民兵军队就能够迅速投入战事中。

于是，辛弃疾很快让下属起草好了布告，在滁州城内外张贴，招募民兵，并将那些愿意投身民兵的农民们组织起来，登记，造册，并分别按照队伍进行编制，然后选择将领来训练。一开始，辛弃疾很担心没有多少百姓愿意从军，毕竟在当时主动报名从军的有很多都是不务正业、不愿耕种读书的人。

让辛弃疾吃惊的是，一支民兵队伍很快就建立起来了，滁州城内城外共有6000多人报了名。他们都说，自己是因为辛大人的清明才吃饱了饭，守土有责，又怎能不报名？

当这支队伍正式建立之后，辛弃疾又和下属们共同商量出训练方法，制定出军规军纪。训练了数月之后，这些憨厚朴实的农民已然成为具有一定战斗力的军人。更重要的是，和那些正规军不同，这些民兵全都来自滁州本地，他们了解滁州的民风，熟悉滁州的地形，能够很好地保卫滁州的安全。

与此同时，辛弃疾还命令滁州各保甲编组、各村庄加紧寻找铁匠，然后由府库出钱，请他们锻造兵器，充实军中的武器库。另外，他还让有司细心统计粮食库存，以备他日军用。

随着步步深入，滁州不仅经济上有了显著发展，百姓们安居乐业，军事实力上也大大增强了。无论是百姓们还是官员们，说到辛弃疾的治理，都是点头称赞、钦佩不已。辛弃疾自己看着滁州逐渐治理得完善起来，内心也有些许得意。

这天晚上，辛弃疾公务完毕，回到后院。如兰和卿卿早已经坐在饭桌前，此时的如兰，身体比起前些年已经好了许多，看起来又增添了些许风韵。辛弃疾打趣道：“两位佳人，正在等着如意郎君？”

卿卿向来胆大，撇撇嘴说：“哪有什么郎君？我们姐妹俩只是觉得好生无聊，在这里闷坐而已。”

辛弃疾认真起来，回答说：“卿卿，你这就说得不对了。滁州城中，已经不比我刚来之时了。现在熙熙攘攘的街市在城中比比皆是，为何不去玩耍?”

如兰看了一眼卿卿，向辛弃疾解释说：“官人，卿卿所说没有好玩之处，是因晚间街市全都宵禁了，没有什么娱乐，就连百姓们也没有什么好去处，全城中都缺乏生机。就算是白日里，虽然有的是车水马龙的热闹去处，却是人比景多，又有些太俗气。”

辛弃疾恍然大悟，他想了一会儿，说道：“夫人这样提醒，我倒是确实想起来，滁州城内目前尚缺一座楼阁，因此城中百姓总觉得无可登临，难以饱览景色。”

卿卿听到辛弃疾这么说，便抢着说道：“官人说得是，那何时才能有座楼阁呢?”

辛弃疾看看天空中悬挂的那轮明月，点头说道：“快有了，快有了……”

不久之后，辛弃疾从外地请来能工巧匠，让他们设计建造一座楼阁，作为全滁州老百姓登临赏玩的地方。几个月之后，一座高楼在滁州城中“繁雄馆”旁拔地而起，人们登高远望，看琅琊山风景无限，远处山水则尽收眼底。辛弃疾亲自为这栋楼挥毫书写牌匾，取名为“奠枕楼”。这匾额高挂其上，来往者无不夸赞。辛弃疾来了兴致，又专门写信到福建，请自己当年在建康为官结交的好友周焕写一篇楼记，又安排了自己的幕僚周孚写了一篇楼赋，算作纪念。

说起这个周孚，也不是个普通人。早在京口时，辛弃疾就和他相交。当辛弃疾在滁州为官时，他应邀来辅佐政务，鼎力相助、兢兢业业。辛弃疾也经常被他的公文所折服。

挂匾当天，辛弃疾请来了本城的父老乡亲和州府衙门中的官员，在楼上摆起酒宴，特意让周孚坐在上手，和大家共同庆祝。酒酣耳热之际，人们共同想起这一年来滁州发生的变化，感慨万千。辛弃疾带着酒意，对大家说道："各位父老、各位同僚，如今滁州已经面目一新，五谷丰登，气象一新，百姓安居乐业，邻里相互敬爱，真是让人高兴。今天，我和诸位登楼娱乐，看那山林秀美，实在令人心旷神怡。只不过，大家可知道我为何将此楼取名为'奠枕楼'?"

众人听到这个问题，不免议论起来，各种答案层出不穷，但辛弃疾却一概摇头不语。

正当人们陷入沉默时，席上站起一人，他坐在宴席的末端，衣着普通，看上去有些郁郁不得志。他轻微地施了施礼，然后说道："知州大人，奠枕者，既可高枕而卧，也可枕戈待旦。莫不成您的意思是我滁州士人百姓，既要享受今日之太平，也要提防北寇的来袭？只有做到枕戈待旦，才能万年太平?"

辛弃疾眼前一亮，打量着这个其貌不扬的男子，说道："不错，这位先生所说恰恰是我心中的意思。只是不知道尊姓大名?"

那人微微一笑，不卑不亢地说："大人，我叫李清宇，祖籍延安。因为躲避金兵，才来到滁州，百无一能，只懂得小时候读过的几本圣贤书。承蒙滁州父老不弃，能够让我做个教书先生。”

辛弃疾想起来，自己在府衙中也多次听过这个人的名字，说是他性格狷介，寻常不和人打交道。因此，这次在奠枕楼上见到他，只是初次相识。虽然如此，辛弃疾依然被这个看上去比自己小几岁的读书人所吸引，他站起身来，说道：“李先生，你能一言说中我为此楼取名的心思，足可见心胸中也有大志向。如今朝廷正是用人之时，你为什么不去考个功名，也好为国效力?”

李清宇只是淡然笑了笑，并没有回答，而是自顾自地说道：“辛大人，你是好官，更是我滁州百姓的父母官。今天，我便献上自己的词作，恭贺奠枕楼的落成!”

说着，李清宇拿出携带的卷轴，大大咧咧地递给了辛弃疾。辛弃疾也不在乎他的态度，接过来打开看了看，觉得他词作中虽有股文人的孤傲之气，却也不失其天真之处。于是辛弃疾说道：“李先生，今日高楼相会，我也来作一首词，和你的词作如何?”

说着，辛弃疾就诵了一首词。词曰：

征埃成阵，行客相逢，都道幻出层楼。指点檐牙高处，浪涌云浮。今年太平万里，罢长淮、千骑临秋。凭栏望，有东南佳气，西北神州。

千古怀嵩人去，还笑我、身在楚尾吴头。看取弓刀，陌上车马如流。从今赏心乐事，剩安排、酒令诗筹。华胥梦，愿年年、人似旧游。

一阕诵毕，满座皆叫好，连已经习惯了傲对世事的李清宇，也发自内心地连连点头，口中不停地说：“好词，好词!”

这样，原本已经很是热闹的酒宴，因为有了知州大人的词作，而燃起了更高的热情。

辛弃疾放下酒杯，对周孚说：“信道兄，这位李先生，的确说得有道理。我之所以要建造这座高楼，并非是要夸耀自己的业绩，而是想让滁州百姓们从此能够心中安定、安居乐业。这样，日后的父母官如我辈，也能享受平安快乐的日子。信道兄，你觉得我所说的对不对?”

周孚点头说道：“幼安兄你过谦了。其实，滁州并非足以尽显兄之雄才的地方，但是兄台能够在一年多就将这里治理得焕然一新，真是国家的栋梁。原本朝中有人疑心你在滁州待不了多久，但现在看来，他们真是妄自揣度啊!”

辛弃疾说：“是啊！其实正如信道兄所写的那样，凡事之在民者，皆我所当尽力也。我也想要尽力而为，让滁州百姓能够有所依赖。只是，近日朝中已经有友人说，我大概又快被调走了。”

“是吗?”周孚愣了，他没想到辛弃疾这么快就会离开滁州。其实，即使只是幕僚，他也在这短短的一年多中对滁州产生了深厚的感情。

辛弃疾反而安慰周孚说：“信道兄，即使我离开滁州，朝廷也会重视这里的，想必今后会越来越大治。只是，我有句醉话，想和信道兄说一说。"

"请大人明示。"

辛弃疾说："这两年，我看得越来越清楚。现在你我将北方的金人看作仇虏，只是，再过 60 年他们必定灭亡，而灭亡之后，恐怕朝廷的忧患要更大。"

周孚没明白辛弃疾的意思，而辛弃疾也并没有要解释下去的意思。两个人坐在这奠枕楼上，极目远望，只看得见天边那闪烁着余晖的夕阳。

数月之后，辛弃疾果然被再次调任。还是在奠枕楼前，滁州百姓十里相送，和造福一方的辛弃疾依依惜别。

62 年后，金国果然为蒙古所灭，而蒙古骑兵的弓箭，也在那之后很快就指向了厓山。当然，那已经是历史的后话了……

第五节
一舸弄烟雨

宋孝宗淳熙二年（1175年），辛弃疾奉旨离开了滁州，再次来到临安，担任仓部郎官一职。这也依赖于新宰相叶衡的推荐。叶衡在担任宰相之前，在建康做过留守，曾经因公召见过辛弃疾，对他有很好的印象。当叶衡被赵昚任命为宰相后，便上奏称辛弃疾有慷慨大志，朝廷应该重用。赵昚原本就听说辛弃疾在滁州为官有名声，于是便同意提拔他做仓部郎官，主要担任国库的储藏、供给、收入等事务的管理。

上一次来到临安时，辛弃疾还没有经历过地方政坛的历练。这一次，他在政治上已经相当成熟了。因此，在他眼中的临安，又多了几分魅力。

临安，自古是东南的形胜之地，加上朝廷南迁以来，集中精力经营首都，因此其自然和人文都让辛弃疾印象深刻。在城中城外游玩时，他经常默念着词坛前辈柳永的那些词作，徘徊在西湖的岸边，想象着那时候柳永眼中的三秋桂子、十里荷花。

确实，西湖从唐代开始就是东南山水名胜交汇的佳处，而到了此时，更是美不胜收。白昼里，湖边游人如织，湖中画舫悠然，而湖中的苏堤、白堤，犹如湖中的两条玉带，纵横南北。到了夜晚，西湖同样吸引着辛弃疾，他每每带着夫人、卿卿，踏上画舫，在湖中饱览山水美景，好不惬意。

虽然西湖是美丽的，但更让辛弃疾难忘的还是钱塘江大潮。每当海上的大潮向钱塘江涌来的时候，人们只能看见一道银线，从钱塘江喇叭形的入海口向江面涌来，越来越多，越来越猛。很快，海潮会愤然凌空，铺天盖地，其声如雷，其形如山。尤其在一年之中的八月十七日和十八日，钱塘江浪潮最大也最为壮观。在浪潮之中，还时常有出身世家的弄潮儿手持着彩旗，在浪潮中争先恐后，尽情表演。每当这两天，临安城中车马流动，钱塘江一线岸上，人山人海，全都挤满了观潮之人。

辛弃疾在仓部郎官的任期内，总共观赏了两次钱塘江大潮。观赏完大潮，他写下了一首《摸鱼儿·观潮上叶丞相》，并专门献给宰相叶衡。词曰：

望飞来、半空鸥鹭，须臾动地鼙鼓。截江组练驱山去，鏖战未收貔虎。朝又暮。诮惯得、吴儿不怕蛟龙怒。风波平步。看红旆惊飞，跳鱼直上，蹙踏浪花舞。

凭谁问，万里长鲸吞吐，人间儿戏千弩。滔天力倦知何事，白马素车东去。堪恨处，人道是、属镂怨愤终千古。功名自误。漫教得陶朱，五湖西子，一舸弄烟雨。

其实，辛弃疾这首词，写的不仅仅是钱塘潮。他在临安城中待了大半年，发现由于高宗时秦桧的专权，赵昚依然对宰相不放心。在叶衡之前，几乎每一任宰相都难以得到持久信任。对此，辛弃疾早就上书进谏，但却得不到重视。于是，他在词中写道，钱塘江潮起潮落，其实都是须臾之间的事情，这正如同政坛上的起起伏伏一样，最终都应该保持清醒和理智。

叶衡虽然看到了这首词，但却没有多少时间来改变自己了。第二年九月，皇帝又一次将叶衡罢相，外放建宁府知府。在此之前，辛弃疾已经又一次离开了南宋的中心，去往新的任职地——江西。

上一次到滁州任职，是出于辛弃疾自身对两淮流域的态度。而这一次，朝廷将他派往江西赣州担任江西提刑，则是因为当地尖锐化的现实问题。从宋代开始，土地兼并的问题就相当严重，而随着南宋南迁，江西、两湖这样的南方地区，其土地矛盾就更加赤裸裸地呈现在人们的面前。

宋孝宗淳熙二年（1175年），赖文政在湖北带领400多名茶贩起事，他们不断地转战年湖北、湖南和江西等地，获得了不少民众的支持。站在今天的角度来看，茶商起事，很大程度上是因为南宋政府对茶叶生产和销售所强制实行的专卖垄断制度。朝廷既对茶农进行盘剥，又禁止他们私自贩卖，结果激起了这样的武装斗争。

赖文政起事之后，南宋朝廷先后派出不同的官吏前去招安或围剿，但都没有获得成功。到了六月，朝廷干脆下诏书，承诺只要能够捕获或者击杀贼人，就可获得立功分赏的奖励。

七月，茶商起义军进一步扩大。隆兴知府汪大猷被降职，去朝廷当了个集英殿修撰；江西兵马总管贾和仲的围剿部队也被茶商军所摆脱，结果他被朝廷除名，送贺州（今广西贺州市）编管（获罪官吏发配到边远城市，编入户籍受当地管理）。

更讽刺的是，这一年六月，朝廷任命方师尹担任江西提刑，负责扑灭茶商军。但这个方大人听说起义军势头厉害，于是故意请起了病假，迟迟不愿意动身前去上任。朝廷拿他没办法，只好安排其另外就任。这样，江西提刑这个职务，很快被看作烫手的山芋。而江西的官员，一旦围剿不力，就会被降职、调任，甚至被除名、编管。而茶商军又灵活机动，深入民间，获得当地不少人的支持，难以被击败，这样更让朝廷上下，几乎谈到江西就噤若寒蝉。

赵昚对这样的情况也是心急如焚。他认为，北方的强敌金人暂且不论，如果大宋连数百人的“草寇”都无法平定，也实在是太说不过去了。于是，他在叶衡的推荐下，终于再次想到了辛弃疾。

六月十二日，赵昚下诏，任命辛弃疾为江西提刑，节制江西各军，专事讨平“茶寇”。诏令传下之后，朝廷官员们私下里纷纷庆祝，既觉得皇帝这次用对了人，又觉得自己从此可以远离“危险”。

这一年，辛弃疾刚好 36 岁，正是大丈夫建功立业的时候。他当然不会错过这样的机会，即使他人将茶商军说得神乎其神，他也是付之一笑。

七月，辛弃疾正式赴任。

到了赣州，他和太守陈天麟相见。太守本是安徽宣城人，是绍兴年间的进士，曾经在广德、襄阳等地为官，政绩斐然，后来被调为赣州知府，官声也算不错。两人寒暄数语，都觉得彼此胸藏锦绣，关系也就自然拉近了许多。

第二天，辛弃疾召集江西的文武官员，共同商讨如何围剿茶商军的事情。由于陈天麟防守得力，政治清明，因此茶商军在游击过程中并没有侵入赣州，而是在广东受到阻击之后再一次返回江西，在吉安和萍乡一带活动。面对这样的形势，辛弃疾要求在场官员积极出谋划策、发表意见。

讨论刚开始，赣州县丞孙逢辰便粗着嗓门报告说："提刑大人，官军当下在军力、物力上面已经占据上风，对这些贼寇已然合围。下官看来，最紧要的事情，应当是组织一支敢死队，控制好交通要害之地，或者在山谷之间追逐贼寇，摸清他们的踪迹。等到他们疲惫不堪时，我们再合力进剿，贼寇自破。"

接着发言的是江西转运副使钱佃，他说："下官已经将军前钱粮督运之事一一分配给属下，提刑大人不需要担心。"

接着，其他地方官员们也接连表示，自己守土有责，一定不负皇恩，合力剿灭茶寇。

辛弃疾不动声色地听完他们的表态，然后缓缓说道："此番我奉诏前来讨贼，不是来斗力，而是来斗智。临行之前，仆射大人曾经向我明示，兵在精而不在多，只有精选可用之兵，才能一战而击破茶寇的胆气。再者，贼寇谙熟地理，常常行动诡秘，我等更应该小心谨慎，而不可轻率冒进，免得重蹈前任的覆辙。”

辛弃疾话虽不多，但句句都在重点，其他人听了连连点头。

在这次会议上，辛弃疾详细了解了茶商军的活动范围，也搞清了官军之前征讨不利的原因。他的心中渐渐明朗起来。在之后的数次会议上，他确定了征讨的战略和战术，并做出了下面的部属。

首先，是对各地的军队都实施精兵策略，将其中老弱的遣返，而留下精悍的士兵。辛弃疾下令，军队中的统领官可以直接选拔将士，尤其注重发现那些骁勇善战的士兵。对于一些实在不堪的部队，辛弃疾下令干脆予以解散，然后仿照自己在滁州建立的民兵队伍那样重新组织队伍。

同时，辛弃疾又在湖南郴州和桂阳招募弓箭手，将他们分配在不同的队伍中，配合剿灭作战。之后，他还打算建立一支年轻强壮的敢死队，让这些士兵积极冲锋陷阵，对抗茶商军。虽然最后这支敢死队只有数十人，但在对茶商军的战斗中，还是发挥了重要作用。

有了上述积极的准备，对茶商军的征讨形势终于有所变化。

两个多月后，辛弃疾终于将赖文政逼入了绝路。在陈天麟的建议下，辛弃疾派人前往茶商军中招降。赖文政看连日来义军伤亡惨重，士兵受苦，心中也有降意。他带着残余部队下山之后，很快被辛弃疾囚禁。不久后，所有义军士兵都被江西官军收编，为首的赖文政等人则被辛弃疾下令处斩。

捷报传到临安，皇帝很是高兴。他下诏书对辛弃疾授予秘阁修撰的官衔，其他有功官员也得到了奖赏，而之前那些追剿不力的官员则一个个都受到了责罚。

讨贼事已毕，辛弃疾在江西提刑的为官生涯也就结束了。宋孝宗淳熙三年（1176年）冬天，他调任京西转运判官。在送别的宴会上，辛弃疾听到了一片祝贺、颂扬的声音，但在这片声音中，他写下的却是不乏悲壮的《满江红·赣州席上呈陈季陵太守》。词曰：

落日苍茫，风才定，片帆无力。还记得，眉来眼去，水光山色。倦客不知身远近，佳人已卜归消息。便归来，只是赋行云，襄王客。

些个事，如何得？知有恨，休重忆。但楚天特地，暮云凝碧。过眼不如人意事，十常八九今头白。笑江州司马太多情，青衫湿。

在这首词中，辛弃疾并没有流露出什么喜悦之情。在他看来，无论是扑灭茶商军，还是诛杀赖文政，都谈不上什么盖世大功，只是身为臣子应该做的事情而已。小小的茶商军，偌大的朝廷还要花费这么多努力，讨平之后还要给予如此大的封赏，这实在是让辛弃疾觉得是“不如人意事”。

无论辛弃疾是否愿意，事实是无法改变的：从他讨平茶商军开始，朝廷对他的信任就迅速增加了。宋孝宗淳熙四年（1177 年）春，辛弃疾由京西漕差知江陵府兼湖北安抚使。这是一个不折不扣的地方大员的官职。

为了了解民生疾苦，辛弃疾在湖北的一年多里，经常下乡去视察情况。不论走到哪里，都有受到盗贼戕害的百姓前来哭诉。辛弃疾决定，想要发展经济，一定要狠狠打击这些胆大妄为的盗贼，从而稳定民心。

某天，有个偷牛的小贼被送到江陵府衙。辛弃疾见这小贼身体强健、年纪轻轻，却又不愿生产、甘心偷盗，将一户贫苦农民家仅有的耕牛偷走宰杀。想到这些，辛弃疾心中的怒火骤起，也不多说，提笔就写下判决，将他发配江州。

从此重刑后，江陵的治安情况得到了显著的改善。其实，在江西镇压过茶商军的经验告诉辛弃疾，那些所谓的盗贼原本大都是平民，他们只是因为遭受了种种逼迫，而不得不放弃生产变成盗贼。但在现实中，如果不对这些盗贼痛下杀手，就无法阻吓那些想要成为盗贼的百姓，也就无法让社会很快稳定下来，带给那些善良百姓以安稳的生产和生活环境。

辛弃疾在江陵不仅对盗贼用重刑，对下属官员也是严于管束，禁止他们滥用职权胡作非为。这天，他听说江陵的统制率逢原纵容下属在集市中闹事，和百姓发生矛盾，结果打伤了数名百姓。百姓告到了府衙之中，辛弃疾火冒三丈，立即升堂审问。问清楚情况后，辛弃疾立刻派人将闹事的士兵抓起来，然后又传来证人对质，结果几个士兵对自己殴打百姓的罪行供认不讳。辛弃疾立即下令，将这几个士兵关押进牢狱，然后又将事情前后的经过写成奏章，直接上书交给朝廷，要求对纵容下属的率逢原进行惩罚。

朝廷很快就下达了处分命令，将纵容部下殴打百姓的率逢原降职为副将，而辛弃疾也迁为隆兴府知府兼江西安抚使。这道诏书很有各打五十大板的意思，让朝廷中不少人感到难以理解。其中，给事中程大昌专门上奏章，为辛弃疾鸣不平。赵昚给他的答复是，既然对率逢原降职了，辛弃疾也应该调职处罚，这样才算是真正的“公平合理”。

辛弃疾的脾气是火爆的，他喜欢惩恶扬善，做事做人公正严明，虽然赢得了百姓和部下的喜爱，但同样也遭到政坛中其他人的忌恨，甚至这种忌恨直接影响到皇上对他的看法。

宋孝宗淳熙四年（1177 年）冬天，辛弃疾离开了江陵，去往江西任安抚使。临行前，他得知了一个不幸的消息，自己的好朋友周孚去世了，年仅 43 岁。听到这个消息后，辛弃疾既错愕又悲痛，他虽然知道周孚的身体不是太好，但却怎么也没想到他会去得这样快。联想到早在数年前去世的岳丈范邦彦，辛弃疾更是感到人生无常。

辛弃疾来到隆兴府（今江西南昌）之后，听说知兴国军的地方官黄茂材不顾当地连年水旱灾害，谎报粮食丰收，结果他自己政绩显著，而却饿死了成千上万的当地老百姓。更可气的是，朝廷居然对这种情况不做调查，任由他胡作非为，于是他将这些情况写到奏章中，不断请求朝廷惩办黄茂材。

宋孝宗淳熙五年（1178 年）二月，知兴国军黄茂材降官两级。辛弃疾刚刚到任，就为江西百姓做了一件大好事，当然他再一次得罪了当地政坛的集体力量。

降了黄茂材的官，辛弃疾还没来得及舒一口气，又发现了让他难以容忍的问题。当时，江南的商贩经常用耕牛和战马载上茶叶、食盐等重要的货物，到江淮地区宋金之间的地区贩卖。还有些商贩在卖完货物之后，干脆将耕牛、战马都卖给了金国人。

辛弃疾认为，耕牛和战马都是农业和军队的重要物资，它们大量流失，其后果当然是严重的。而这种事情虽然严重，却迟迟没有受到当地官员的重视，是因为商贩们总是在不断地上下走动关系，将需要贿赂的大小官员挨个打点一番，因此商贩们才能在江西畅通无阻。

辛弃疾并不理睬这些商人，再次奏请朝廷，申请下达禁令，严禁在前线地区贩卖耕牛、战马。结果，这一年的六月，朝廷答应了辛弃疾的请求，禁令正式生效。

此事过后，江西政坛上下虽然看似平静，但内里却有一股股力量在运动，仅仅上任三个月不到，辛弃疾又一次接到调令，让他再去临安担任大理寺少卿。表面上看来，辛弃疾是受到了提拔，但他的内心却清楚是怎么回事。

辛弃疾感到无助和伤悲。

在从江西又一次赴任临安的旅途上，辛弃疾平添了离愁别恨，写下了著名的《霜天晓角·旅兴》一词。词曰：

吴头楚尾，一棹人千里，休说旧愁新恨，长亭树，今如此。

宦游吾倦矣，玉人留我醉，明日万花寒食，得且住，为佳耳。

除此之外，还有一首《鹧鸪天·送人》一词。词曰：

唱彻《阳关》泪未干，功名余事且加餐。浮天水送无穷树，带雨云埋一半山。

今古恨，几千般，只应离合是悲欢？江头未是风波恶，别有人间行路难。

虽然是词人，但辛弃疾从未在之前的生活中如此集中地于诗词里写自己的“愁”和“恨”。当然，这是在暗示官场中防不胜防的斗争，以及朝廷对他始终保持着“招之即来，挥之即去”的实用态度。

果然，在大理少卿位置上没待多久，当年八月他又被派到湖北担任转运副使。到宋孝宗淳熙六年（1179年）的三月，辛弃疾则从湖北移到湖南，担任湖南转运副使。

至少当年踌躇南归时，血气方刚的辛弃疾没有想到，人到中年的自己竟会沦为官场平衡的踏脚石。

第六节

众友南楼送别

从江西安抚使到大理寺少卿，再从大理寺少卿到湖北转运副使，再调任湖南转运副使。地方—中央—地方，短短一年光景，辛弃疾走马灯似的在湘赣两地担任官职。如此际遇，市井天街的粗鄙蛮夫或许会觉得辛弃疾蒙受当今恩泽颇厚，在朝中似乎也有内力相助，否则绝不可能凭空转调各地。然而若揭开“恩宠”背后的真相，个中的苦涩与无奈，恐怕也只有辛弃疾本人能够体会。

那是数十年理想与现实激烈缠斗后的失落。

去往湖南上任前，辛弃疾照例受到了湖北官员的欢送。面对这些同僚，辛弃疾很难对他们生出什么同袍之谊——湖北转运副使的官署，他总共用了不到半年时间，其间还经历两次交接印信案牍的繁重工作，与这些官员们不可能有多少时间融洽相处。辛弃疾是眼个里容不得沙子的人，偏安一隅的大宋虽尚未走到江河日下的地步，但仅江西一处的官僚便让他如鲠在喉，那其他地方的官员自然可想而知。只是碍于同朝、同府为官的交情，辛弃疾只能恭敬不如从命。

可是，他没有想到，这次告别竟然改变了他的人生。

饯行宴设在鄂州城（今湖北武昌）南黄鹤山的南楼之上，辛弃疾到来时，其他几人已先行落座。听到有人上楼，鄂州知州赵善括立马赶下来迎道："辛帅一路好雅兴，却叫我等心焦不已！"

"无咎（赵善括字）见谅，在下虽身在鄂州，却未能熟识城中车马行路，实在是惭愧得很呐！"辛弃疾致歉道。辛弃疾在湖北的时间虽然不长，但赵善括却很是推崇他，尤其对其填词的功力欣羡无比，甚至自己填词时，也会刻意向辛弃疾的风格靠拢。对于这种毫无遮掩的崇拜，辛弃疾有时会觉得哭笑不得。他当年抱着光复中原的志向南归，不想只有文采能得到所有人的认同。

跟着赵善括走上顶楼，同样前来饯行的湖南转运判官王正之和湖广总领周嗣武急忙起身相迎，辛弃疾则与他们一一见礼。自古以来，"送别"就是士大夫之间极具情感色彩的行为：由于职务的要求和交通的落后，每一次送别，都意味着参与其中的众人很可能从此天各一方，直到终老都再难重逢。盛唐时李、杜二人惺惺相惜的情谊至今仍为人所称道，但实际上两人终生只见过三次，而且集中在天宝初年。日本遣唐使晁衡（即阿倍仲麻吕）同样与李白情谊深厚，结果归国途中遭遇海难，漂流到了南海。李白却以为晁衡已然身死，对酒作诗致哀，直至病死都未能再与好友相见。现在辛弃疾也要走了，虽然只是相隔不算太远的湖南，但以这一年多的“走转腾挪”来看，谁知道辛弃疾又会得到哪里的差遣？想到这一层，赵、王、周三人不禁有些落寞，遗憾着以后恐怕没有机会再目睹辛幼安作词，连带着饮酒都没了兴致。

辛弃疾又何尝不是如此思量？《九议》递入临安已近十年，虞允文五年前便已作古，当朝丞相赵雄为人刚正忠义，对大宋臣服于金国始终耿耿于怀；他不是虞允文那般纯正的主战派，却同样具备与金国斗争到底的决心。只是，且不说赵雄是否听过《九议》的名声，仅他过分强制、直言犯谏，就足以让孝宗皇帝对他既敬且厌——他是个和辛弃疾一样性格的人。

那么，皇帝或许也不会对自己再有什么好感了吧？一杯清酒下肚，暖洋洋的初春忽而变得秋风萧瑟起来。

“幼安兄，此去一别，不知何时方能相见。虽说现如今国朝稳固，金人亦极少犯边。然你我皆是圣上钦册的守土官吏，代天子牧守万民。职责所在，恐无暇分身怡情啊……”辛弃疾的苦闷，早已被同署履职的王正之尽收眼底。他好心地想要提醒这位当年的传奇英雄，无论如何，做好眼前的本职工作才是最重要的，至于其他，便先安天命、尽人事吧。

辛弃疾却没法像王正之那般逆来顺受。王正之虽然也拥有满腔的匡扶壮志，但他久居气象承平的南宋，并未有机会见识北方金人的铁蹄，感受不到故国遗民的痛苦。辛弃疾少年时就起义抗金，一路杀伐才换来南归效力的机会，结果却被皇帝和宰相们不断地转任地方，还要忍受各式各样令他反感、齿冷的官场规矩。大好年华活生生消磨在永无止境的地方官场斗争里，这种巨大的心理落差决然不是王正之所能体会的。

“王兄所言极是啊！”赵善括也附和道，“好男儿志在四方。辛帅文武双全，绝非池中之物。圣上又是国朝明君，定是有心历练辛帅，好待将来收拾旧山河，指望您为国分忧呢！”

“是吗？”听到他近乎天真的论断，辛弃疾禁不住苦笑连连，端起酒杯一饮而尽，“圣上的心意岂是我等人臣揣测得了的？如今我年近不惑，即便有朝一日被委以重任，只怕已然垂垂老朽，连长剑都提不起来，又如何收拾旧山河？”

说罢，辛弃疾长叹一声，起身走到栏杆旁，目光越过山下城中的芸芸众生，直向北方天地相连的地方，口中念叨着岳飞笔下的“收拾旧山河”，丝毫不理会送行的同僚们。王、赵二人见状，便识趣地不再作声，任他心性自持。偏偏周嗣武这个掌管军饷钱粮的官吏看不懂，走上来拉着辛弃疾的袖口道：“幼安兄弟，今日我等为你送行珍重，可不是来长吁短叹的！你也莫要再想不开什么——现在想不开，你已年近不惑；现在想开了，你依旧年近不惑。如此，又何必去想？”说着又向大家躬身道，“诸公在此，容我孟浪几句：恁谁都有心登殿侍君，为天子分忧。如今为官地方，想必也难从容安心。可既然被外放，便是这一亩三分田的靠山，是百姓眼中的青天！我等有心向天下的思虑，全因我等食君之禄，故而一刻都不敢停歇；但这禄米的出产，可全在百姓的手中呢。孟子有云：‘劳心者食于人。’一方大员，如若不为民劳心，只想着自身荣辱功名，还凭何受百姓供养？不如去之为快!”

此言一出，顿时将王、赵二人惊得目瞪口呆。他们从未想到，整日与钱粮铜臭为伍的周嗣武竟能说出如此掷地有声的宣言。惹得辛弃疾也倒转目光，重新打量起这位交情浅薄的军政财使。

“功甫兄可是教弃疾，切不可为私欲乱了本心，提点地方相比上阵杀敌，虽索然无味，却也是利国利民之壮举?”

“非也!”周嗣武摇晃着脑袋，一副恨铁不成钢的表情。

辛弃疾少年成名，极少见到有人这般看待自己，一时间不明所以：“弃疾愚鲁，还望功甫兄不吝赐教。”

“幼安兄弟，我可不敢教训你哟!”周嗣武阴阳怪气地解释说，却让人无法生出什么厌恶，“我说的，只是那些醉心名利的庸人!与幼安兄弟虽交结日短，我却是知道你的：你是上天赐给大宋的救兵，胸中自当有万卷书，自当有千阵兵。不过，你的这些才华，于牧守地方是没什么用处的。”

王正之实在听不下去了，急忙伸手拉住周嗣武：“周兄此言差矣！幼安微服地方数年，所过之处，百姓安居，民生向荣，谁人敢称辛帅不爱民如子、施政有方？周兄未免有些偏颇了。”

“哼!”周嗣武甩开王正之牵他的手，径直走到辛弃疾面前，一字一句道，“幼安兄弟，我且问你：你初知外放，可是丁点整军经武的想法都没有？夜深人静之时，你口中念着的，到底是治下的小民，还是北方的金贼？若总是念着金贼，你又如何能在地方安心？既无法安心，你在地方又如何能长久？若你本意并非如此，又何必在地方徒费心力、蹉跎岁月？好官谁都会做，即便时运不济，百姓离了你辛幼安，也自会有能人接任。可你的大好韶华，又有谁人续得上？”

这通怪理袭来，只把辛弃疾说得脸色铁青，王、赵二人则默然无语。高耸的南楼之上，只听得到阵阵惠风，好好一场情意深切的送别宴，最终竟被周嗣武搅了局。

周嗣武与王正之、赵善括都不同，他不是辛弃疾的故交，又主要为军府工作，与转运衙门来往不多，但和做知州的赵善括联系密切。周嗣武为官颇为霸道，曾经撺掇着赵善括定下酒价，强令富商认购，自己赚得盆满钵满。辛弃疾对他并不认同，只是念在同来送别的份儿上，才勉强与他同桌。

可是，谁又能说周嗣武所言无稽呢？当了这么多年地方官，辛弃疾有政绩、有功劳、有赞颂，也有弹劾。所过之处，从不缺好评——滁州的百姓们至今还商议着要为他送万民伞。可是，做个万民眼中的“辛青天”，就是辛弃疾想要的吗？他二十出头就起义军抗金，到头来勉强做了个漂泊不定的封疆大吏，却与当初的志向失之千里。辛弃疾想要看到的是，朝廷与军民众志成城，坚定北伐，早日光复中原故土，还都开封。只要能盼到这一天，那他甘愿放弃现在得到的所有荣宠，返回军中做默默无名的马前卒，为大宋冲锋在第一线，和金人拼个你死我活，而不是什么颂歌如潮的好官。

周嗣武人品不端，但他至少说中了一点：对辛弃疾而言，他的胸中大志已容不得时间糟践了，与其得非所愿，干脆“去之”！

可是，“去之”真的就很容易吗？在这件事上，辛弃疾没有过分表露心迹，只是挽着周嗣武的手不断致谢，又请王、赵二人重新落座，继续品酒清谈。待酒饮微醺，在赵善括的恳请下，辛弃疾唤来仆从伺候笔墨，准备乘兴填作一番。

然而，即使是最浓重的酒气，也难以阻滞辛弃疾在《水调歌头·折尽武昌柳》中痛诉他的凄凉和无奈：

折尽武昌柳，挂席上潇湘。二年鱼鸟江上，笑我往来忙。富贵何时休问，离别中年堪恨，憔悴鬓成霜。丝竹陶写耳，急羽且飞觞。

序兰亭，歌赤壁，绣衣香。使君千骑鼓吹，风采汉侯王。莫把骊驹频唱，可惜南楼佳处，风月已凄凉。在家贫亦好，此语试平章。

饯行宴并不意味着就此别过，此词作成不过数日，王正之又邀请辛弃疾前往小山亭聚会。

王正之算不上辛弃疾的拥趸，也不是周嗣武那样的官场老手。他与辛弃疾相交多年，虽然醉心于他的词作，但他更敬佩的为人，尤其推崇他光复北方的大志。王正之自己也是坚定的主战派官员，渴望大宋有朝一日能驱逐鞑虏，解放百姓。然而王正之身居地方，人微言轻，朝中鲜有人赏识他。每一次他怀着忐忑将自己的上书呈递上去，却总是杳无音信。就这样被忽视了十几年，王正之自己也感到疲倦了，心中的那团火焰尚未熄灭，却再也燃不起来了。满腔的抱负和憧憬都沦为酒桌、诗会上的谈资，也只有辛弃疾，能让他时时记得当初许下的志向。

酒席布置得很简单，没有黄鹤山的别样景致和雅兴，也没有侍立传唤的童仆侍女，甚至菜品都可怜得只有几样时令小炒。做东的王正之一改南楼上的拘谨和客套，只顾与辛弃疾对坐碰杯，很少开口说话。辛弃疾早已心事满腹，王正之不打开话匣，他也没什么可谈的。两人就这样你一杯，我一杯，不过半炷香的工夫就用了二两清酒。

半晌，王正之再次举杯邀向辛弃疾："前路漫漫无远期，在下有幸与幼安兄同仕地方，不可谓不是天意。今天意如此，幼安兄大可不必介怀，还是顺其自然吧!"说罢，抵着辛弃疾的酒杯碰了个脆响。

辛弃疾感慨道："王兄乃知我之人：我为国效力多年，从未敢记挂荣宠，只念着能获圣上垂怜，有生之年尚可挥师北进。现如今我辗转江南，路途疲惫倒不打紧，公务烦琐亦非难事。却只怕长此以往下去，便是我这个'归正人'，也难再记起恢复之事啊。"

王正之当然知道辛弃疾的苦衷是什么——北伐故土不仅仅是辛弃疾的个人愿望，也是所有南迁军民和主战派官员们的期冀。但太上皇赵构惧怕金人的铁蹄，当今皇帝又醉心于帝王心术，所谓北伐，正渐渐沦为朝堂争斗的工具，失去了往日催人奋进的效用。然而当听到辛弃疾亲口说出这些担忧时，王正之还是免不了黯然神伤、同病相怜，毕竟他也曾抱有和辛弃疾同样的梦想。

"今日出鄂，明日入湘，后日怕是要徙蜀了罢……"辛弃疾端着轻巧的薄瓷酒杯叹道，须臾却又精神起来，“还说这些个作甚，徒扰王兄的酒兴！便如兄台所言，顺其自然吧。干！”

又是一声清脆的碰撞，两人同时饮完杯中清酒。

提起这些烦心事，辛弃疾的思绪总会被拉回到初仕大宋的年月：那时他名满江南，是朝堂之上不可多得的英才，是大宋百姓心目中的英雄；圣上看重他，百官敬畏他，似乎只要他辛弃疾登高一呼，天下就会云集响应，追随他高举起来的旌旗杀回北方，驱逐金贼。然而，冷酷的事实却摆在眼前：光复大业不仅没有得到当今圣上的看重，后者还在时刻防备自己，以及那些与自己一样被划为“归正人”的北方汉民。而对官场规则的蔑视和违背，则让他沦落到迁徙无常、四面维谷的境地。至于徐图北进、还都开封的大愿，似乎真像个梦，永远没有成真的时候。

回到居所时，仆从们已将行装和家什打点妥当，如兰和卿卿正就着油灯缝补几件旧官袍。辛弃疾看着青春渐去的正室妻子和侍妾，原本被酒精麻痹的心房似乎又被谁重重捶击了一拳：这些年，两个柔弱女流也跟着他，走遍了大宋的南南北北。得志时，女人们为他欢呼雀跃；失意时，女人们给他软语分忧。她们虽然不如韩世忠家的梁夫人，入为贤妻，出为战将，却始终未对他的仕途提出过什么要求。可是他自己呢？除了整日哀叹生路多艰，感慨壮志未酬，又给过自己的家人什么？辛弃疾那颗填满恢复故土的壮志的雄心，从未像此时这样百感交集过。

翌日清晨，拜别了再次前来送行的王正之、赵善括，辛弃疾便命家人上车出发，自己则骑了匹枣红大马，朝着鄂州城门的方向缓缓驶去。

骑马是辛弃疾区别于其他地方文官的标志：他本是山东人，又自幼习武，体质远远强过江南文士。在金国时多次身陷战阵，杀义端、擒张安国，都是他纵马驰骋所为。若没有龙潜鱼跃、意蕴深沉的辛词，即便说辛弃疾是员纯粹的将才也没什么不可。因此，镇守地方的辛弃疾同样保留了骑马佩剑的习惯，以示自己仍不忘劝君北伐。

经过南楼上的一番探讨，虽然心结已有所舒缓，且隐约生出了些许的去意，为官多年的辛弃疾依然决定履行职责，前往湖南赴任转运副使。他从来都不是贪恋权势的人，只觉得即便目前没有机会为北伐金贼效力，至少也能为大宋治下的百姓做些事情，让他们专心生产、民生如意，如此也算为未来的北伐提供丰富的人力和物力。

然而，当车马驶入湖南地界，强打精神的辛弃疾还是被眼前的一幕惊呆了。

第七节
湘潭大地，人间炼狱

湖南不比湖北，此处山多地少，人口稠密，除传统大姓豪族外，还生活着为数众多的少数民族。然而相比日渐凋敝的民生，湖南的民族、门户矛盾已然不值得一提——湖南的穷苦百姓，务农采桑会被地主豪强压榨，行商走街会遭奸商劣绅敲诈，即便那些平日里谨小慎微的百姓，也免不了受官府的骚扰，各种苛捐杂税不计其数。从最基本的人头税，到闻所未闻的补贴、差价，全部都要从湖南百姓身上索取，几乎到了敲骨吸髓的地步。底层人民最惧怕上层权势者们蛇鼠一窝，在湖南官府和豪强大姓的联合“围剿”下，湖南百姓已经走到了崩溃的边缘——胆小的四处借债缴税，被迫卖身为奴；胆大的连夜毁掉家宅逃亡外省；没志气的整日跪在官府门前乞求降税，遭毒打后自缢寻解；有志气的或逃入山林聚众起义，或遁入湖水做盗贼。曾经富甲天下的湘潭水乡，正逐渐成为人间炼狱。

湖南的百姓们大都是有志气的：孝宗改元乾道以来，湖南及周边已经陆续爆发了至少五次民变，前后长达 15 年。若是再算上太上皇赵构在位时，起于洞庭湖的钟相、杨幺义军，湖南的情况就不只是“民变”那般简单了——连韩世忠、张浚都难以降服的杨幺，直到人心尽失，才被岳元帅勉强斩杀。而现下的湖南，已经有更多的民变首领已经具备了钟相、杨幺的气质。

刚就任潭州（长沙）的时候，就有不少湖南百姓硬闯转运司衙门，只为见到爱民如子、疾恶如仇的辛帅，衙门口的皂役们拦都拦不住。他们求见辛弃疾的目的也出奇地一致：喊冤。

与其说是喊冤，倒不如说是告状：告豪门大姓的状，告剿匪官军的状，告收税胥吏的状，告主政官员的状。

一直以来，“民告官”都是风险极大的事情。辛弃疾才进湖南，沿途的百姓就拦路向他喊冤。他们被苛捐杂税压得喘不过气，土地又被地主豪绅们掠夺。生计无着，很多人只能去做盗贼，打那些富户的主意。然而，当朝廷的官军前来镇压时，灾难才算真正开始：虽然说那些落草为寇的人是“死有余辜”，但是那些安守本分的普通人却依然要忍受惩罚；官军所到之处无一幸免，他们打着朝廷镇压贼寇的虚名，行敲诈勒索之实，比强盗还要残忍百倍。百姓失去靠山，求告无门，就有更多的人杀死官兵，甘心去做匪寇，所以湖南这些年越剿越乱，贼寇越杀越多。而在贼乱和官府的两线剿杀下，湖南百姓已然走到了悬崖边上，只差往下跳了。

湖南百姓的惨状，辛弃疾毋须分析就能体会。他到任后多次微服探访，发现实际情况甚至比那些来喊冤的百姓形容得还要糟糕。

整个湘潭大地，到处都是匪寇，到处都是官军，到处都是荒芜的田地和无家可归的贫民。可是那些高高在上的大人和老爷们，仍旧像水蛭一样，压在百姓身上吸取血液，丝毫不理会民生之多艰。而这种泯灭人性的行为，是辛弃疾不能够容忍的。他必须为这些无辜的百姓做些什么，否则他不仅会因未尽职责而寝食难安，更躲不过良心上的谴责。哪怕他只是个普通的转运副使，哪怕他不受皇帝陛下的喜爱，哪怕他是个敌我莫辨的“归正人”。

几个日夜后，一封辛弃疾落款署名、直接呈递当朝皇帝赵昚的奏章，被转运司衙门最快的健马驮着，星夜兼程飞赴临安。辛弃疾斜站在门口，望着消失在晨雾中的仆役，久久不愿回府。那是一纸寄托了他所有愤怒和希望的文字，他太担心它会像《美芹十论》和《九议》那般石沉大海了。

一天后，驿站的卒役回来还马，看来仆役已经上了官道，正直抵临安而去。

两个月后，仆役油泥裹面地回到府中，言称京官已将奏章送入宫中，所以才打发他回来。

此后的炎炎夏日里，湖南转运衙门没有收到来自临安的任何消息。

秋日沓至，潭州城依旧酷热难耐。就在辛弃疾自己都不再对奏章抱什么幻想的时候，临安的宣奏官却大张旗鼓地开进了潭州城。与他们一同到来的，是由皇帝御示吏部署理进辛弃疾为湖南安抚使、兼任潭州知州的任命诏。

赵昚之所以赐给辛弃疾如此突然的恩典，全因那篇曾被后者寄予厚望的奏章《论盗贼札子》。

在这封奏章里，辛弃疾历数孝宗改元乾道以来，湖南地区接连发生的五起民乱。他一针见血地指出，是因为“臣等辈分阃持节、居官亡（无）状，不能奉行三尺，斥去贪浊，宣布德意，牧养小民，孤负陛下使令之所致”。即朝廷官员不知体恤，为官横行霸道，才直接导致湖南盗贼蜂起，始终难以剿平。然而，辛弃疾同时又恳切万分地劝告赵昚，并引用唐太宗对“盗匪”的看法，希望皇帝能够深思：“民之所以为盗者，由赋繁役重，官吏贪求，饥寒切身，故不暇顾廉耻耳。当轻徭薄赋，选用廉吏，使民衣食有余，则自不为盗，安用重法耶？”

单看论调，辛弃疾的观点其实与过去几千年来的统治者并没有什么区别，依然认定贫困的生活和沉重的赋税才是百姓落草的根源。春秋时，齐国宰相管仲已经讲得很清楚：“仓廪实则知礼节，衣食足则知荣辱。”没有哪个人生下来就会选择啸聚山林的贼寇生涯，百姓如果不是被逼到万般无奈的境地，也不会投身侍匪。真正让他们失去“礼节”和“荣辱”的，其实正是提倡那些背负教化重任、代替天子牧守万民的地方官员。他们不但没有尽到自己的职责，而且欺上瞒下，将数以万计的百姓逼入绝境，最终导致官逼民反！

那么，这些官吏是如何逼迫百姓的呢？辛弃疾以湖南为例，将那些饱食俸禄之辈的丑恶嘴脸，毫无保留地呈现在赵昚面前：“陛下不许多取百姓斗米面，今有一岁所取反数倍于前者；陛下不许将百姓租米折纳现钱，今有一石折纳至三倍者，并耗言之，横敛可知。

陛下不许科罚人户钱贯，今则有旬日之间追二三千户币科罚者；又有纳足租税而复科纳者，有已纳足、复纳足、又诬以违限而科罚者。有违法科卖醋钱、写状纸、由子、户帖之属，其钱不可胜计者。军兴之际，又有非军行处所，公然分上中下户而科钱，每都保至数百千。有以贱价抑买、贵价抑卖百姓之物，使之破荡家业、自缢而死者。有二三月间便催夏税钱者。其他暴征苛敛，不可胜数。”

宋室南渡是中国历史的一个转折点，其重要性堪比西晋末年时的“衣冠南渡”。但南宋王朝与其他划江而治的政权不同，朝廷不但要继续维持自己的统治，还要向金国称臣，所以每年都要进贡给金国数以十万计的岁币。“靖康之耻”时，兵临城下的金人疯狂勒索宋钦宗，钦宗便带着那些贪生怕死的臣子们大肆打劫开封百姓；凑不够钱就将民女、宫女、诰命夫人抵钱送给金人，致使城中十室九空，百姓家破人亡。想不到几十年后的今天，同样的惨状竟又重新发生在大宋的土地上，而施暴者竟然是大宋自己的官吏。为了满足自己穷奢极欲的享乐生活和总也填补不满的贪婪，他们一次次将魔爪伸向下面的百姓：圣上不准多收租粮，现在的官府一年却收取数倍于过去的粮食；圣上不准官府折现粮食收税，现在的官府却能把一石租粮折成三倍收钱，其中还有自农业税出现就伴随而来的“火耗”“临尖踢斛”两项公开剥削，横征暴敛之重，简直难以想象。

最让辛弃疾怒不可遏的是，这些官吏不但篡改国朝的粮税，竟还敢明目张胆地反复征税：百姓农户本以为缴过一次重税就能解脱，不承想还要被官吏们以各种理由重复征收第二次、第三次；有的农民被敲得家徒四壁，官吏们仍不放手，还要诬赖他们没有在时限之内缴税，从而追加罚金。然而官吏的贪欲永远没有尽头，收购了粮赋，又动起了其他税项的歪主意：湖南人少有食醋者，他们就逼醋贩按例上缴卖醋所得；百姓打官司或入府衙办理民事，就要交足各种手续费，类别五花八门，无所不用其极。

然而百姓的灾难并不止于此：官员们平日里收够了钱，就借着打仗的机会继续搜刮民脂民膏。湖南民变频繁，朝廷往往不假思索就派遣官兵镇压。这些官吏便以此为由，向官兵从不经过的县乡征收劳军钱。他们还胆大包天地将百姓分为三等，公然勒索军费。更有官府公然垄断地方经济，利用贱买贵卖的方式疯狂敛财，扫荡市民，最终导致湖南全境民生凋敝、百业废弛，演变为孝宗皇帝“乾淳之治”中令人惊目咋舌的地方乱局。

如果说看到这里身居临安行在的皇帝赵昚已被深深震惊的话，那么辛弃疾指出在暴行背后的流弊，则定让这位向来不信任官员的中兴之主胆寒：“州以趣办财赋为急，县有残民害物之政而州不敢问；县以并缘科敛为急，吏有残民害物之状而县不敢问；吏以取乞货赂为急，豪民大姓有残民害物之罪而吏不敢问。故田野之民，郡以聚敛害之，县以科率害之，吏以取乞害之，豪民大姓以兼并害之，而又盗贼以剽杀攘夺害之。臣以谓‘不去为盗，将安之乎’，正谓是耳!”

为什么百姓会一而再、再而三地被苛政残害，为什么没有官员去留意他们，为什么他们没有带着状子向上喊冤，为什么一定要落草、啸聚、遁河，做打家劫舍、对抗官府的贼寇？或许每一次民乱后，以仁孝、开明著称的赵昚都会在心中发出这样的疑问。现在，辛弃疾无情地揭起了这块被奏章包裹的伤疤：当地方大户与乡吏勾结、乡吏与县吏勾结、县吏与州吏勾结，四层保护伞相互保护，互为助力，集中力量欺压百姓、隐瞒实情时，百姓们的死局就已经注定了。他们根本不想好勇斗狠，而是在备受欺凌、求告无门之后，不得已才铤而走险，站到了官府的对立面，与万恶的官吏们作对。

写下这段话时，辛弃疾不由得又想起一个人：曾被他用计剿平斩首的茶商军领袖赖文政。

茶商军下山投诚时，如果不是军士提醒，辛弃疾根本不相信，这个慈眉善目、鹤发童颜的老人，竟会是带着数百人纵横湘鄂的“茶贼”头领。如若不是被逼无奈，他相信赖文政也一定不会走入山林对抗官府，但世道荒凉，他这样的普通人又能改变什么呢？改变不了外部，就只能改变自己，所作所为都只是为了活下去。想到这里，辛弃疾就有些同情赖文政了。

与赖文政相比起来，湖南乃至其他地方的百姓更显得可怜。他们没有做错什么，却被贪得无厌的官府压榨；杀鸡取卵、竭泽而渔，是这些人的惯用方式。孟子语曰：“民为贵，社稷次之，君为轻。”这些人却不管不顾，站到了当今圣上和百姓的对立面。因此，在奏章的后半部分，辛弃疾明确地向赵昚提出，朝廷应“深思致盗之由，讲求弭盗之术，无恃其有平盗之兵”。意思是说，无论怎么看，百姓投贼越频繁的地方，贪官污吏往往也就越多。如果朝廷每次都在民变发生后，只想着发兵镇压，却从不考虑民变的因由，那匪寇只会越剿越多，还会进一步加剧百姓和官府之间的矛盾。如此兵来将挡、水来土掩的草率做法，看似短期内解决了内乱，实际上流毒无穷。想要彻底解决民乱，只能严肃吏治，从上向下滤清毒物，通过安抚的方式重建民生，让所有人都有机会安居乐业，这样百姓才会打消聚众作乱的想法。往年收成好的时候，尚且会有破产农民为寇，若是再碰上水旱灾害袭来，那么后果不堪设想。

此时的辛弃疾，已经不是初入江南官场那个对时局心存幻想的青年了。他清楚地意识到，奏章很快会被公开，自己将被置于整个湖南官场的对立面，其中势必会有无数既得利益者污陷、弹劾自己，并疯狂掩盖他们的罪行。可是，如果不这样做，他也想不出更好的办法了——湖南吏治之败坏，已经达到了沉疴难愈的境地，绝不是撤掉一两个高级官员就能解决的。因此，在奏章的末尾处，他请求赵昚同意自己孤注一掷，既是为了湖南百姓，也是为了大宋的国本："臣孤危一身久矣，荷陛下保全，事有可为，杀身不顾……自今贪浊之吏，臣当不畏强御，次第按奏，以俟明宪。庶几荒遐远徼，民得更生，密贼衰息，以助成朝廷胜残去杀之治。但臣生平刚拙自信，年来不为众人所容，顾恐言未脱口而祸不旋踵，使他日任陛下耳目之寄者，以臣为戒，不敢按吏，以养成盗贼之祸，为可虑耳。"

辛弃疾并不知道，他的奏章在临安行在里究竟激起了多大的浪潮：赵昚几乎是颤抖着把他的奏章读了好几遍，还不停地在上面御笔批示。往年看到湖南发生民乱时，他只会叫相府和地方立刻发兵镇压，以求消弭匪患，保全地方。从六岁进宫成为高宗的养子，赵昚从未离开过临安行在。他和辛弃疾一样，知道百姓们的苦，痛恨金国的欺压。但辛弃疾与他最大的不同在于：辛弃疾是亲眼见识过这些情状的人。如果不是他的奏章，赵昚恐怕至今都会以为大宋的半壁江山固若金汤，而他赵家的敌人永远只是北方的金贼。

有时候惊醒酣睡的人，只需在最美妙的梦境中插入一段现实。

同众位宰相和参知政事传阅过《论盗贼札子》后，赵昚果断下诏，提点辛弃疾做湖南安抚使——皇帝急切地想要看看，这位曾经的“归正”英雄，到底有没有本事让他的湖南臣民重回安泰。

“辛卿家，放手去做吧，把百姓们从水深火热中解救出来；不用顾忌任何人，也不必担心什么。这一次，朕给你撑腰！”

第八节
铁心平乱，解决困局

宋孝宗淳熙六年（1179年），辛弃疾一行正式搬入州府衙门，就任潭州知州兼湖南安抚使。

摆在他面前的，是一个比当年的滁州还要棘手的烂摊子。滁州起初的破败主要源于战乱，所以只需恢复生产、整顿田地，就能让秩序重回正轨。湖南却完全不同：土地基本被地方豪姓大族掌控，农民一年的辛劳尚不够给东家交租；加之地方官吏的疯狂剥削，无处容身的贫民要么拿着破碗沿路乞讨，要么横下心去做匪寇。辛弃疾不信邪，带领属下连日微服查访，跑遍了潭州几乎所有的乡县，却找不出一个能称得上“富庶”的村庄——其实每个村庄都有极为富裕的人，但他们正是那些豪民大姓。

连续暗访，令辛弃疾彻底放弃了整顿湖南吏治的想法：一是他没有那么大的权限，至多收治潭州一地；二是如果动真格的，那么从他以下的整个湖南官场都得换人。皇帝不会允准，即便辛弃疾自己也明白，此举会给全天下带来多少乱子。辗转反侧许久，他竟然想不出任何解决困局的出路。

在床上硬撑了两个时辰，睡意仍旧不知所踪。辛弃疾干脆起身来到书房，就着昏黄的油灯，摊开湖南地图和暗访时做的笔记，重新在上面指指点点。

“官人，可是还在为白日的见闻忧心吗?”同床陪睡的卿卿走过来软语问道，顺手为辛弃疾披上件厚厚的衣服。虽然地处江南，但随着秋意渐去，潭州的夜晚也开始起寒雾了。

卿卿所说的见闻，是辛弃疾白天暗访时看到的一幕：他们打扮成过路的客商，出城前往附近的州县。沿途竟遇到了十几拨讨饭的饥民，少则三五成群，多则数十人为伍。卿卿当即吓得躲入车厢，几个仆役则司空见惯了，挥着马鞭赶人。

辛弃疾当时正骑着他的枣红健马走在一行人的最前面，一个小乞丐看他衣饰朴素，却穿了上等的官人皂靴，当即连滚带爬地扑过来，拽住他的马镫苦苦哀求：“这位老爷行行好吧！给小的父亲赏块干粮救命吧。即便没有干粮，三两个铜板也好啊！小的这厢给您磕头祈福，永世不忘您老的恩德啊!”说完就跪在辛弃疾脚下，捣蒜似的磕个不停。

辛弃疾眯起眼睛，仔细地打量着小乞丐：他看上去不过是个七八岁的黄口小儿，浑身上下只用一块脏兮兮的粗麻布裹身，那麻布看起来还是守孝时才穿的，竟硬生生被穿成了油黑色。孩子自己也是头大如斗，四肢细小，一看就是常年营养不良造成的，且小小年纪头发就枯萎得差不多了。而就在不远处的野地里，正躺着个同样穿着麻布孝衣的中年乞丐。与那些不断叩首乞食的饥民不同，中年乞丐躺在那里就像片烂肉，已然饿得不省人事。

辛弃疾心下不忍，便好言问道："孩儿啊，你今年多大？"

"回恩人的话，小的昨日方满十二。老爷……老爷若是可怜小的父子，愿让小的多活两年，就……给赏口饭吃吧！"断断续续地还没答完话，小乞丐就再次扑倒在马前涕泪横流。

12岁？辛弃疾顿时惊愕莫名。此前他只知道湖南乡野的百姓民生多艰，却从没想到已经严重到这般地步，一个已经双岁的男童，竟被缺吃少穿逼得发育不健全。长此以往下去，湖南不止会民变连连，甚至黎民的身体也会被灾祸折磨得萎靡不振。到那时，还谈什么整军经武、恢复中原？

还没等他再问什么，远处就又撵过来十几个乞丐。他们看见辛弃疾一行被叫停，都以为他准备大发善心，于是都伸过来破碗，"恩人""菩萨"地喊个不停，只求能得到点吃的。仆役们生怕安抚使大人有闪失，怒喝着挥鞭将乞丐驱走。辛弃疾本想出言制止，转念又记起车中还有女眷，便只得由着手下发威。

但眼前这个小乞丐是必须要有个说法的——他正张着泪汪汪的双眼，跪在自己面前。辛弃疾于是掏出一贯铜钱，又叫随员送来两个干饼，温声道："孩儿啊，我不是什么恩人，也做不了大德，这些东西只能缓一时。你们父子若要活命，还是快快找个生计做去吧！"说罢，就准备下马把钱粮递给对方。

不料小乞丐却猛地起身摁住辛弃疾的皂靴，悄声道："老爷千万不可下马！"

“这是为何啊?”辛弃疾奇怪道。

“老爷若是有心救命，悄悄扔给小的便是。否则同路的看见老爷施舍，定会围住老爷不让脱身的！老爷是善人，千万不能被我们这些贱骨头困在这里。”

“……竟然到这般田地了吗?”辛弃疾摇头慨叹，也不知是说给谁听的，“也罢，那你小心收好吧。”然后便将施舍撇给小乞丐，牵起缰绳继续前行。

小乞丐得了钱粮，又对辛弃疾千恩万谢了一番，便手脚并用地爬回到野地里，把干饼嚼碎了强喂给奄奄一息的父亲。辛弃疾忍着心痛摇了摇头，硬生生低下头向前行去。

他唤过来一个老仆役:“你等在潭州供职多年，此处离州府尚不远，难道平时竟也是这般惨状吗?”

老仆役苦笑着说:“老爷往年怕是没来过本地吧? 今日所见还是好的，搁在暴民作乱的去年，潭州城的大街小巷里尽都是饥民呢。”

“哦……”辛弃疾默然应道，看来自己之前还是小觑了湖南的艰辛。还未等辛弃疾细加思索什么，后方忽然传来凄厉的惨叫声。他急忙调转马头，只见之前受施的小乞丐正围着自己的父亲哭喊，后者则如中毒一般，捂着肚子满地打滚，看上去痛苦万分。

“快去!”惊愕之中，辛弃疾狠狠地夹了下马腹，带着仆役们跑去想瞧个究竟。只见小乞丐的父亲面色惨白，双手摁着干瘪的腹部呻吟不止，嘴里却还咬着几块碎饼。小乞丐围着父亲急得团团转，竟不知该如何是好。

“究竟是怎么回事!”辛弃疾扯过给自己送饼的仆役，厉声喝道，“你可是下了什么毒手？”

被质问的仆役一脸茫然，只得推脱说：“大人，不干小人的事啊！那些饼子都是昨夜伙房做下的。小人与这厮素不相识，何故加害？”

“还敢抵赖！”辛弃疾气不打一处来，当即就要挥鞭打人。

“大人！”老仆役死命夺过辛弃疾手里的马鞭，转身又急忙按住痛苦不休的乞丐，“他这是挨饿太久胃脏干瘪。方才吞饼子时又未加咀嚼，怕是把胃扎穿了！”

“什么？”辛弃疾急道，“那还不快取水酒来冲胃！”

老仆役却摇摇头：“没用的，大人，胃脏一破，神仙道君也救不回来。”

不等辛弃疾再同他辩解，只见小乞丐的父亲像对虾似的弓了两下身子，“哇”地吐出一口鲜血，翻倒在老仆役怀中一动不动，已然气绝身亡。

“爹啊！”小乞丐哀号一声，扑到老仆役怀里撕扯着父亲，“你不能死啊！全家都死了，你怎能再舍得撇下我去找他们啊！爹啊，你不要死，你醒醒啊……”

小乞丐哭得伤心至极，辛弃疾等人伫立在他身后，铁青着脸，忍受着良心的谴责。荒野之中，官道两侧，只听得到小孩子的哭号，还有萧瑟的秋风。

也许是伤心过度和饥饿的缘故，没过片刻，小乞丐就哭晕了过去，只是消瘦的手还紧紧攥着父亲的手腕。几个仆役有心劝辛弃疾离去，却也知道他内心正翻江倒海，因此都不敢说什么。僵持了一阵后，老仆役悄声跑到马车旁叫来卿卿——她已透过车窗目睹了所有事情。

卿卿踮着小脚来到野地中，小心地对辛弃疾说：“官人，马上就过晌午了。”

“嗯。”辛弃疾没有答话。

于是卿卿继续细声探道：“官人，这孩子父亲横遭劫难，现下孤苦无依。官人若是有心，府中尚缺个侍剑背书的童仆，不如……”

“那便依了娘子所愿。”辛弃疾愧疚地看了眼昏过去的小乞丐，翻身上马，“回城吧，今日之事到此为止，不可多言半句。”

“大人，”老仆役又提醒道，“这孩子父亲新死，尸身不能暴露荒野。若有饥民饿极了，只怕会……还是找个地方入土吧。”

辛弃疾胸中狠狠地打了一个寒战，冷着脸一字一句：“逝者带回我府中，待这孩儿醒来后好生下葬。”

白天发生的这一幕，仍在死死纠缠着辛弃疾，小乞丐父亲临死前的呻吟和孩子的哭声，正不断冲击他的心房，令他五脏俱焚。湖南民生凋敝至如此地步，竟让饥民饿得连干饼都吞不下去，这是辛弃疾也未能预料到的。潭州城郊尚且如此，那些偏远县乡的惨状更是可想而知。

辛弃疾满脑子想着那些成群结队乞讨的饥民。如果再找不出赈济抚恤的法子，毋须赵昚下旨，辛弃疾自己就得摘下官帽，带着遗憾离开湖南。

卿卿似乎看出了夫君的想法，这便柔声道：“若没有官人，那孩儿定然活不长久，佛云，救命可得浮屠，官人该欣慰才是啊。”

“唉。”辛弃疾抚着侍妾的手，无奈叹道，“休要替我贴金了。救得了他一个，却救不了所有人。仅潭州一路的饥民就成千上万，我又怎么可能供养得了这许多家仆？”

卿卿抿嘴笑道："官人一个自然供养不起，可有人供得起啊。奴家做女儿时，父亲、母亲就经常帮着东家搭棚施粥。乞丐们若想多拿些铜板，东家也会让他们进府做杂活卖力。"

"施粥？哼。"辛弃疾不屑地冷笑，"不过杯水车薪之举。再者说，那些富户夺了饥民的田地，现在又去施粥，能安多少好心？"

"唔……"卿卿意识到自己说错了话，识趣地闭上嘴，一言不发地给辛弃疾捶背，但被他婉拒了。

"你先睡吧，容我再研习片刻。"

见家主无意多谈，卿卿便乖巧地离开书房，留下辛弃疾一人继续在那里头疼。然而，她不知道的是，自己在辛弃疾看来毫无价值的提议，已在潜移默化中为他指明了一条光出大道。

宋孝宗淳熙七年（1180年）二月，拿到朝廷批复的辛弃疾，兴冲冲地发动潭州所有公差，前往饥民集中的乡县张贴告示、发布通告："接钦点湖南安抚使、知潭州辛公慰示：新春已至，农务在即，然各路州郡陂塘尚无妥帖。我皇仁圣，特谕平常司及诸州、县、乡诚募役使，为平整、疏浚之用。无事业者无论男女、老幼、壮弱，皆可入府备签。凡画签者，可得米、钱各百！"

辛弃疾的思路很明确：授之以鱼不如授之以渔，开仓赈济灾民或许能解得了燃眉之急，但他不可能总让饥民跟自己讨饭，朝廷也绝不会容许湖南无节制地开仓放粮。因此，干脆以工代赈，让饥民去修筑各地的陂塘水利，出卖劳动力，然后按工时发放酬劳。这样一来，既可以从长远上解决饥民无产可依的困局，也能为地方农业生产提供保障，同时还能分化饥民密度，防止他们聚众作乱。不过，由于安抚使的命令传达容易延迟，加上饥民人数实在太多，所以辛弃疾还是恳求朝廷，将前任安抚使囤下的十万石积米挑出来，先行赈济正在闹饥荒的郴州、邵州、永州三地，杜绝饥民铤而走险的可能。

为了确保米粮的顺利发放，同时严防地方官吏从中克扣攫利，几个月来，辛弃疾坚持坐镇三州州府的发放现场进行监督，还要抽时间跑到工地检查陂塘的施工进展。有时他忙得连饭都顾不上吃，就和民夫们一起蹲在塘坝上将就。上官都如此克己，地方官员和差人们更不敢离开，于是也跟着辛弃疾在工地用饭。百姓们看见堂堂官身的安抚使大人，竟然和自己一起喝粥、吃辣椒，不禁感激得热泪盈眶，看到他的车马就黑压压跪成一片，惹得他每次都得好言抚慰一番。然而，谁又能说辛弃疾心里没有喜乐呢？当官能为民做主，造福各路百姓，他这个官总算也当得值了。

成功缓解了饥荒后，辛弃疾便将目光转向另一个问题——这才是个真正的麻烦。

当初救下小乞丐后，辛弃疾便让孩子入了自己府中，当他的侍剑书童，还给他取名为“南剑”。一是这孩子已然家破人亡，无人收留，辛弃疾决然不能漠视；二是孩子醒后，辛弃疾试着与他攀谈，方知他们一家是当年完颜亮进兵时仓皇南逃到湖南的商贩。于是本着同病相怜的心思，辛弃疾将南剑留在身边，希望有朝一日，他们主仆二人能同回北方，收复故土。

正是从南剑的口中，辛弃疾知晓了这个麻烦。

大宋立国后，由于太祖皇帝是武人，国朝又时常面对契丹、西夏等番邦的袭扰，所以大宋百余年民间始终盛行习武之风。而随着国势衰微，加之金人南侵，各路地方都开始出现起义、匪寇这样祸乱，其中尤以湖南最甚。为了保障生产，安家护院，很多地方的乡绅和富户都会开出大价钱，从各户中抽壮丁组成武装社团，抗击土匪和农民军的骚扰，即“乡社”或者“弹压社”。客观地讲，乡社在地方战乱时，的确能够发挥保家安民的巨大作用，而且极大锻炼了军民素养。然而当祸乱剿平后，这些由豪绅率领的乡社，会迅速沦为他们横行乡里、欺压百姓的工具，做豪门大姓的走狗和鹰犬。上有所好，下必甚焉，那些土豪劣绅本就是祸首，在他们的刻意纵容下，乡社成员寻衅滋事、扰乱地方已经成了常态；他们又素来人多势众，甚至连官府也动不得分毫。南剑一家逃到湖南后，本在永州官道旁开茶摊生活，当地的乡社却三天两头前来勒索敲诈，令他们不胜其扰。来回几次后，南剑的祖父忍无可忍顶了几句，被乡社打成重伤不说，连茶摊也被烧掉，气急之下撒手归西。乡社的东家又看上了南剑的姐姐，将她强抢入府中凌辱致死。南剑父子上告无门，苦苦哀求东家把姐姐的遗骸归还，结果又遭一通毒打。父子俩只得将祖父草草安葬，从此过上沿街乞讨的生活。

辛弃疾早前对乡社略有耳闻，素知他们大都是些好勇斗狠之辈。而且不止他，之前的好几任提点湖南的官员，都想过要取缔乡社，以防未来出现地方自重的局面。然而乡社组织根深蒂固，招抚改编的训示发出去许久，却连半点回音都没有。后来又有人提出，干脆出动公差，强行解散那些为非作歹的乡社，结果竟然没有几个公差敢去。眼见乡社势大如此，前任们也只好就此作罢，任他们去鱼肉百姓。

辛弃疾本就是个直性子的人，又为官多年，平素最看不惯欺压无辜的恶霸，何况还有南剑一家的惨事摆在面前，他对乡社自然恨之入骨。因此，解决乡社，是去是留，在辛弃疾这里就成了最首要的问题，而且非解决不可。

经过一段时间的调查，辛弃疾终于发现了前任官员无路可走的原因：以往安抚湖南的官员，在对待乡社时，要么是全部收编改制，要么是全部就地解散，从来不打算留有余地。可是乡社在湖南已然成为常态，从郴州开始，一直到连州、桂阳，都有乡社存在，少则两三百，多则六七百。况且他们不只靠地方豪强出钱撑腰，很多乡社守卫乡里多年，很得地方百姓看重，心甘情愿地供养他们。官府若是一棍子打死，很可能会迫使这些人群起而攻，到时就不是“麻烦”那样简单了。因此，辛弃疾认为，以乡社目前树大根深的状况来看，无论解散还是收编都是不可能的。只能以官府的名义，将这些良莠不齐的武装组织全部纳入民军的范畴；通过强力限制大乡社的数量，裁减那些经常扰民安生、对抗官府的小乡社，以控制乡社的人数，防止他们做大；并将他们的领导权和武器装备都交给地方官吏，而不是土豪劣绅。对方如若还敢反抗，则官差直接入府拿人——乡社众人若是连县府的大牢都不放在眼里，那辛弃疾便将这些大麻烦交由本地的厢军和弓兵处置。

他确信，即使再愚蠢的人，也会在触怒国法和保持现状之间做出明智的选择。

与此同时，乡社耀武扬威式的存在和湖南军队不堪一击的现状也令辛弃疾百感交集。自有宋以来，湖南的民变、战乱就层出迭起。朝廷整日疲于派兵围剿，导致精兵越打越少。宋徽宗末年开始，湖南农民起义频发，本地驻军已然山穷水尽，只能靠客军前往镇压。然而，客军走后，本地驻军就又像没事人似的饱食终日，优哉游哉地混日子。辛弃疾视察军营，将士皆偷奸耍滑，他自己还被假账本蒙骗过，怒火不由得冲上脑门，气得直咬牙："剿乱贼时，未见得有多少真功夫，市井里做起生意，竟恍若陶朱在世!"

他说的虽是气话，内里却是实打实的担忧：建炎以来，金军不断向南逼迫，他们仗着骑射无敌、兵多将广，一度将前线推进至长江天险。若不是有岳飞、刘锜、韩世忠等人的军队抵抗，金人很可能会渡江企及江南。可是，只靠着几位将领的名声和私兵，大宋又能在金人那里讨得什么便宜呢？如今这些名将们老的老，死的死，北方的金人却是一刻也没有放弃南侵的想法。如果江南各路不尽快筹备自己的精兵，不但地方安定保证不了，甚至无法应对金人的进攻。长此以往下去，又何谈什么北伐、收复？

本着重建军帐、寓兵北伐的目的，辛弃疾再次上书枢密院，希望朝廷能够仿照其他省份，如荆南神劲军、广东催锋军等，尽快让湖南也拥有一支全新的军队。

或许是因为有成功的先例，这一次辛弃疾的建议很快就得到批准：朝廷允许湖南新建一支直属御前步军司和枢密院的军队，由湖南安抚使调动节制。但多疑的赵昚也向辛弃疾提出了苛刻的条件：按惯例，朝廷只负担建成后的军饷和兵甲，建军开支由湖南自理。

也就是说，在这支新军列入御前步军司的名单前，所有的营建费用都得由辛弃疾的安抚使衙门出。

第九节
奇招募兵，创建飞虎军

辛弃疾曾设想过建军初期的种种困难：人员不足、兵器短缺、朝议反对。但他万万没想到，皇帝会用如此敷衍的态度来看待自己的忠诚。打仗烧钱，建军更是花费巨大，如果没有直接来自朝廷的财政支持，地方建军几乎是不可能的事。看着语焉不详的枢密院文书，辛弃疾的心情也如潭州的大雨一般，跌入了冷冰冰的谷底。

“老爷，吃些茶吧。”见家主烦恼，侍立一旁的南剑恭恭敬敬地送上热茶，希望能分担他的忧愁。他入府时间尚短，很多时候只能用自己的理解猜测辛弃疾的苦衷。

“放在这边，我等下便吃。”公务繁乱，辛弃疾早就没了品茶的兴致。

“老爷可是还在琢磨兵营的事情?”

辛弃疾抬眼盯着瘦小的书童：“你尚未识几个字，却如何晓得?”

南剑伸手指着公案上的一沓纸卷：“方才为老爷疏整，无意瞧到了几张地图，正是小的和父亲容身过的去处。”

“哦……”辛弃疾放下文书道，“你可是见过那些场所？”

“见过。”南剑用力点头说，“小的父子当时无法进城，只得在那一两处破落屋子中与同往讨饭的饥民们住些时日。”

“你觉得那里如何？”

南剑被家主问得莫名其妙，但他毕竟还是个孩子，回答问题自然没有多少忌惮：“尚好啊，屋墙都很厚实，生堆火便能取暖。屋外就是夯过的平地，走起来也舒服。只要不是太过挑剔，任谁都可住得下。”

“也罢，”辛弃疾收起文书，重新打起精神，“就先选在那里！”

不久，辛弃疾以湖南安抚使的名义，正式向潭州和周边县乡发布招募通告，建军工作正式开始。他选取曾割据过湖南的楚王马殷的旧军镇做兵营和校场，稍加修补后投入使用，这样就省下了一大笔开支。但其他地方的钱还是免不了要头疼一番：马殷的军营是两百年前所建，瓦片、边墙早已灰飞烟灭，仍需仔细修饬。相反，募兵工作却是出奇地顺利：不到十数日，定额内的兵卒就全部凑够，虽然大都是未曾经历过战阵的新丁，有的甚至连拳脚功夫都不会，但辛弃疾还是很高兴，毕竟事情还是有了好的开头。

为了让招募的新丁尽快入住，辛弃疾破天荒地开始擅用职权：军营的瓦片不够，他就以每20片百文的价钱，命潭州城的百姓两天之内送到营地来；砌边墙的石料不够，他就发动狱卒进山采石，多劳者可免罪获释。然而，即便如此，建军项目中仍然有巨大的资金缺口。辛弃疾于是又咬着牙取消了湖南地方的酒税，改为官府专营卖酒，即“榷酒法”，总算为新军找来了款项。

然而，辛弃疾赌上身家建军的做法，却给政敌和好事者奉上了把柄：他们揪住湖南专营酒品的事情不放，连番弹劾辛弃疾，称他借建新军聚敛钱财；更有甚者，说辛弃疾强令刑徒上工，而后逐一赦免，似有“施恩”之嫌，恐其心志不小。赵昚听后惊怒不已，即刻下御前金牌给辛弃疾，要他立马停止新军草创。

辛弃疾当然想到了这一点——皇帝的猜忌，对他而言已是司空见惯。于是辛弃疾壮着胆子把金牌藏起来，同时命令属下加紧赶工，破天荒地只用一个月时间完成了新军营的营建工作。他自己则连夜书写请罪折子，将湖南专营酒品的收入和建军过程中花费的款项一一列明，恭请皇帝检视。赵昚这才搁置疑虑，放心地批准了新军的建制。

每支地方军队都拥有自己的名号，辛弃疾的这支也不例外：他亲自给新军命名“湖南飞虎军”，希望这支奇兵能像插翅猛虎一般，戍守湖南，抵御外侮。可以说，辛弃疾为这支部队费尽心血，几乎将他们视如己出：飞虎军中有500骑兵，但湖南本地不产军马，辛弃疾便从广西买来500匹健马供骑兵使用；为保证军马供应，他又奏请朝廷，允许广西每年为飞虎军代买50匹军马。赵昚和枢密院担心地方势大，想直接从临安禁军中调派将领往飞虎军任职。辛弃疾苦苦上书劝阻，终于使赵昚同意直接在飞虎军中选拔将官。在他的悉心关怀下，飞虎军规模迅速升级，年内就形成了战斗力。辛弃疾亲自提点，号令严谨，赏罚分明，飞虎军与那些混日子的湖南屯军截然相反，深受百姓们拥戴。在他的影响下，飞虎军也逐渐养成纪律严明、英勇敢战的作风，威名甚至一度传入金国，被金人惊惧地称为“虎儿军”。辛氏练兵、治军才能，可见一斑。

然而遗憾的是，命运此时再次出现拐点：宋孝宗淳熙七年冬季，江南等地出现大范围旱灾，农田颗粒无收，饥民充塞官道，隐隐竟有星火燎原之势。鉴于辛弃疾之前在湖南成功赈济，朝廷命他重新出任隆兴府兼江西安抚使，旨到之日，即刻前往江西救灾。

当然，赵昚不是不念旧情的人。看在往日辛弃疾忠心为国的份上，他又在任命上加了一个右文殿修撰的授职，权当承认辛弃疾是士大夫一员，而非匹马来投的“归正人”。

他不知道的是，调任到相对富庶的江西，并没能让辛弃疾有半点兴奋：多年来辗转为官的生活，损耗的不只是躯体的健康，还有心中那颗滚烫的赤子之心。从起兵抗金到今天的飞虎军统帅，一晃眼便花去了20余年光阴。其间他不断地上奏，只求皇帝和朝廷能够稍稍重视一下北伐光复，得到的不是冷漠不理就是拒绝，而后则是纷至沓来的委任状。辛弃疾并非不想当官，也不愿漠视治下的百姓。他是个责任心、抱负心极其强烈的人，所以无论在哪里，他都能作出一番事业。但是，他干事业的目的，不是为了仕途，更不是做皇帝和朝臣眼中的“封疆大吏”！从南归的第一天起，他就笃定地盼望着大宋的军队能够越过黄河，杀尽金贼，将那些被奴役的汉人百姓解救出来。祖父辛赞的尸骨还掩埋在山东的土壤下，这个将自己辛苦拉扯大的老人，是多么地希望自己的墓碑能刻上“大宋”两个字啊！

辛弃疾依然记得，当他带领家小、骑马走出潭州城时的情景：阴霾的天空飘下冷冰冰的雨雪，上千飞虎军将士默然垂首在道路两旁，眼睁睁看着带给他们一切的辛帅离开。百姓们在士兵背后左推右搡，争着想要目送辛帅离去。一些情绪激动的百姓甚至冲过阻拦，不顾泥水跪倒在马前，乞求辛弃疾不要抛弃他们。只因他们害怕，辛帅一走，继任的官员会像以往那样对他们百般盘剥，让湖南重回那段黑暗、痛苦的过去。可君命难违，辛弃疾又有什么办法呢？纵然他胸怀普天的志向，可仍旧是皇帝赵昚座下的一员官吏，他能做的只有安然接受来自最高层的决断。

直到把潭州城远远地留在身后背景中，辛弃疾才停住了前行的脚步，跳下马来，望着眼前官道曲折的山林嗟然长叹。

“流徙数年，什么时候才是个头啊……”

似乎是听到了丈夫近乎抱怨的感慨，妻子如兰走下车，移步到辛弃疾马前，好生宽慰他说：“俗语云‘车到山前必有路’，官人不必太纠缠于路途。想来也是圣心倚靠，否则圣上也不会总对你委以重任。”

“重任重任，大好的河山，为何总有履不完的重任？”辛弃疾脸上没有半点开解的舒展，“今日救灾，明日救灾，世道已艰难如此，又何时能收复故土？”

“官人……”看到丈夫心事重重的样子，如兰有些担心。可辛弃疾讲的毕竟都是实言，饶是聪慧如她，也不知该怎么往下接了。

辛弃疾同样注意到妻子的为难，愧疚之心丛生。他强撑起笑颜道：“夫人勿怪，吾只是与潭州百姓相处颇深，一时间舍不得他们罢了。上车吧，我们继续赶路。”

十几天后，辛弃疾终于回到了“阔别已久”的江西。

江西的灾荒其实并不麻烦，只是因为旱灾来得太突然，灾民数量又大大超出官府的估计，因此应对不当，导致仓中存米难以应付。但可恨的地方就在于，官府不知道紧急调米救急，反倒担心自己辖区的米粮不够赈济，竟然严禁外地来的灾民买粮。这样消极应对的釜底抽薪之举，加之不法粮贩借着旱灾肆意抬高粮价，灾民难以承受，结果造成江西陷入无米可赈的窘境。

辛弃疾到任后，先是像往常一样，带着南剑等人微服调查了一番，将隆兴府及周边的米店和官府的存米情况摸了个底朝天。弄明白来龙去脉后，他随即命令下属，将自己作为江西安抚使发布的第一条赈灾令贴遍各县郡：

闭粜者配，强籴者斩。

辛弃疾的八字命令写得简单明了：任何县府和州府的赈灾官员，都不得禁止外地灾民前来领粮，各大粮商也不准借机囤积粮食，哄抬米价，否则就要被发配充军。至于那些灾民，也不能因为肚饿就强抢粮食，或者强买米粟，干扰正常的赈济工作，违者即刻处决。辛弃疾的这条法令，虽然看起来严格得有些过分，但事实上制止了饥荒期间官商勾结谋私利的行为，同时也稳定了江西岌岌可危的社会秩序，没有出现湖南那般饥民啸聚为盗的乱局。从这一点上说，赵昚命辛弃疾赶赴江西的做法是十分英明的。

临安深宫里的赵昚似乎也意识到了自己的知人善任，于是在宋孝宗淳熙八年（1181年）七月，以救荒有功为名，将辛弃疾的右文殿修撰晋升为奉议郎。待十一月救荒工作结束，赵昚又改任辛弃疾为两浙西路提点刑狱。

不过，以辛弃疾的智慧，单看皇帝流水账似的调令，他应该已经悟到了：赵昚根本没有看过自己苦心琢磨出的《九议》，否则绝无理由看不明白"久任"的意思；即便赵昚看了，也并未往心里去。

皇帝依然没有认同他。

既然君心如此，自己又有什么说的呢？走吧！收拾好行装，打点好妻小，前去两浙！

至于下一站在哪里，辛弃疾已经无所谓了。

然而，也许是天意喜弄有志之人：两浙提刑官的官袍尚没有做好，又有一个人阻住了辛弃疾的去路。

第七章

世外桃源，闲居稼轩

当辛弃疾戴上斗笠、自号稼轩的时候，他终于发现，自己也可以像普通人那样拥有一些纯粹的快乐。

第一节
也罢，归家

宋孝宗淳熙八年（1181 年）十一月，就在辛弃疾安抚使的公务交接完毕，准备离开江西前往两浙履职的当口，一封来自临安行在，以当朝皇帝名义发布的制书，被快马送到了隆兴府衙。

“大帅!”当值的衙役抱着沾满泥点的信筒，几个趔趄跑入府衙内堂。

辛弃疾此刻仍在书房撰写公务明细，看自己是否还有未办的事情需要交代给接任者。他写得极为仔细，聚精会神之下，几乎察觉不到任何干扰。

“大帅!”衙役冲进内堂，左顾右盼找寻上官，“大帅啊!”

“何事惊慌?”辛弃疾不悦道，放下笔走出书房。他平素讲究清静规矩，严禁府中大小胥吏高声喧哗。恰巧此时他又在琢磨几项赈济款项的收支近况，被属下一搅，竟是分毫也记不起来了。

上官发问，衙役却懒得揣摩上官心意，直接将信筒拿到辛弃疾面前：“大帅，临安发来八百里加急，要大帅即刻受承!”

“受承？”辛弃疾玩味地咀嚼着这个词语，同时抽出封在信筒中的密封文件，仔细地读起来。

只看了不到一半，辛弃疾就将信件收入袖中。打发走衙役后，他便返回书房继续撰写交接书。他努力想要稳住情绪，好完成余下的部分，然而无论如何绞尽脑汁，都想不起那几个数字来了。

暮色西沉，忙碌了整整一天的辛弃疾终于走出府衙。南剑正牵着马侍立在府衙门口，他不是公署的人，非辛弃疾召唤不得随意进公府，所以在此等候。见家主出来，南剑急忙赶上去为辛弃疾送上马鞭，准备伺候他上马，却被他拒绝了。

“你在后面照顾好马，我想去坊街里散散步。”

南剑为难地说：“老爷，小的出门时方领了夫人们的令，要尽早接您回去呢。”

“不打紧。”辛弃疾爱怜地抚摸着小男孩的头，宽慰他道，“回去我会同她们讲。来隆兴府这么久，我还未在街市里转过呢。”

一仆、一主、一马就这样晃晃悠悠地离开府衙，朝着人流最密集的方向走去。隆兴府不比临安府，城中没有宽阔的大道，也没有摩肩接踵的热闹景象。加之闹了一年的粮荒，这座首府大城多少显得有些破落。但在辛弃疾的苦心经营下，城中尚保持了灾荒前的繁荣景象，逛街的人没有上万也有数千。只是由于天色渐晚，很多小贩都已开始收拾摊货，准备回家过夜。偌大的坊街因此显得冷清许多，只剩下茶肆、酒馆里尚有众多宾客在闲谈。

辛弃疾在前面走着，南剑则牵马在后面跟着。他入辛府差不多有一年时间了，但辛弃疾一家上下从未因他家人尽去，又是个乞丐，而对他动辄打骂，更不曾有过横眉冷对。因此南剑也时常在心里默默感激，感谢老天没有弃他而去，终于让他强撑着遇到了辛弃疾。只是，南剑总觉得老爷的心里藏着些秘密。这些秘密，恐怕连夫人都没法看清。

“辛大帅!”一个贩肉的汉子眼尖认出了闲逛的辛弃疾。

“这位大哥安好啊。”身为朝廷命官被人当街呼喊，辛弃疾也不恼，而是笑着同对方打招呼——他对手下官吏和寻常百姓从来都是两套规矩。

被肉贩这样一喊，街上的百姓们都认出这位身材高大的官人正是安抚使辛大人，一时激动满怀，纷纷跑来跪迎。

“辛大帅，真的是辛大帅啊!”

“辛大帅安好!”

肉贩三步两步跑出铺子，跪在辛弃疾面前，关切地问他：“辛大帅，听说您不日就要调去两浙?”

“哦，确有此事。”辛弃疾将肉贩扶起来，“马上就该走了。”

“这如何使得！辛大帅，您不可弃我们而去啊!”一个货郎挤出人群，抵着辛弃疾的脚尖跪倒，“我们隆兴府的百姓，难得能遇到辛大帅这样的好官，您再一走，我们可怎么过日子啊!”

他说得言辞恳切，围观百姓甚为赞同，皆道：“辛大帅，还是好言上书朝廷，求圣上把您留在江西吧!”

“辛大帅，”肉贩揉着后颈，倔强地说，“若是圣上偏要调您走，我们就上万民伞和万民书，一定要把您留在江西!”

“不可造次。”辛弃疾愠道，“圣上是英明之主，臣民岂可儿戏。”然后他又好生安抚这些百姓：“父老们不必担忧，继任的安抚使和知府大人一定会比辛弃疾更清明的。”

夜色渐起，辛弃疾和南剑终于回到府中。其间，一位酒楼老板非要做东给辛弃疾饯行，称辛弃疾几次为官江西，自己都不曾宴请过他。如今辛弃疾要走了，说什么都要在自己店里喝顿酒。辛弃疾强拗不过，只得由他摆宴。不少城中百姓也跟进来，抢着和辛大帅碰杯。

一直到见着自己的妻儿老小，辛弃疾才终于吐出实情：他们不必去两浙了。

“今日临安发来八百里加急。圣上已撤了我的提点刑狱之职，连带着安抚使和隆兴知府一并罢掉。不日就会有旨意到江西。”

辛弃疾说得很轻松、很平淡，却无疑在家人中间撂下颗炸雷。如兰先是一愣，急忙问道：“圣上何故要罢掉官人?”

“罢掉便罢掉呗，何必问那许多?”辛弃疾装作坦然的样子安慰妻子，“这些年我们一家辗转荆楚，我又整日公务缠身，你们跟着我，从未有过舒心日子。现如今无官一身轻，不正是梦寐以求的吗?”

“官人所言极是，”卿卿插嘴说，“两年来遍历荆楚，姐姐想必也乏了吧?”

如兰没有答话，只是敷衍地点点头。她何尝不明白，终日生活在车马之上是什么感觉，如今丈夫没有了官职，一家人正好有机会休息将养。毕竟辛弃疾已年过不惑，她自己也有病在身，当然更迫切地需要安定的生活环境。

只是，如兰心想，丈夫如果不做官，那他的志向岂不是永远没有实现的时候？而他，就真的能忍住？

三日后的清晨，辛弃疾一家坐上马车，拉着大小行李，在薄雾中缓缓驶出了隆兴府城。没有一个官吏前来送行，他们都在精心准备继任上官的贺仪。满城的百姓，也只有几个起大早的商贩，依稀能看见城门之下有几辆出城的马车，旁边跟着一个骑着枣红大马的健壮男子。

尽管被罢官确实有些突然，但是对辛弃疾来说，他等这一天已经很久了。

在那封发给辛弃疾的制书中，赵昚以前所未有的薄凉口气声色俱厉地指责这位他曾十分看重的封疆大吏："淫风殉货，义存商训之明；酷吏知名，事非汉朝之美。岂意公平之世，刀闻残黩之称。罪既发舒，理难容贷。尔乘时自奋，幕义来归，固尝推以诚心，亦既委以方面。曾微报效，遽暴过愆……肆厥贪求，指公财为囊橐；敢于诛艾，视赤子犹草菅。凭陵上司，缔结同类愤行中外之士，怨积江湖之民。方广赂遗，庶消讥议。负予及此，为尔怅然。尚念间关向旧之初心，迨用平恕隆宽之中典：悉镌秘职，并解新官。宜讼前非，益图后效。可。"

满满一篇制书，全是赵昚对辛弃疾的指责，似乎后者之前在湖南、江西的种种政绩——曾被赵昚肯定的政绩，都只是辛弃疾的个人行为，与两地的百姓民生毫无瓜葛。在皇帝和朝廷的眼中，颇具吏才的辛弃疾，似乎只剩下“南归”一项尚值得赞许。然而，辛弃疾在湖南、江西犯下的“恶”已然弥补不了他对大宋的感情，皇帝本打算将他治罪，但念及他毅然南投，这才饶过他的性命，只将他罢官了事。

听上去，似乎要是没有赵昚的垂怜，辛弃疾早就被京中来使捆回临安问斩了。

但辛弃疾已不在乎皇帝对自己的态度了。他为官地方多年，其间厉行法制，为人刚正不阿，早已将地方官场得罪了个遍。这些人对他恨之入骨，弹劾和诬陷早就漫天飞扬，赵昚被动摇不过是时间问题。至于诏书上罗列的那些罪证，辛弃疾最多把它们当作诙谐，一笑了之罢了。

然而，这次辛弃疾确实误会那些政敌了。害他被罢官的其实是另一个人：监察御史王蔺。

大宋优容士大夫，更允准御史言官可以在不提供任何真凭实据的前提下“风闻言事”，弹劾各级官吏。“台谏”之名一度令从京城到地方的官员们谈之色变。王大人也不外如是。王蔺和辛弃疾没什么交情，虽然在后世被编入主和派官员的传记之中，但他本人对主战的辛弃疾有多少敌意，两人究竟有没有过交集，今天已不得而知。何况，这次一并遭到王蔺弹劾的还有大小数十名地方官员，只有少部分弹劾被精明的赵昚留住，结果拖累了辛弃疾。

王蔺在奏章中说，辛弃疾“奸贪凶暴，帅湖南时虐害田里”，又称他为官时“用钱如泥沙，杀人如草芥”，根本不把湖南百姓的安危放在眼里，完全是混世魔王的做派。他的指责，说的正是辛弃疾在湖南平乱、建飞虎军的事迹。然而所有人都知道，辛弃疾建军的始末已经获得了赵昚的谅解，甚至对他擅改酒税法为“榷酒法”也未做追究。至于“杀人如麻”，无非旧事重提，揪住他杀赖文政的过往不放。

杀掉一个倒卖私茶、率众作乱的茶商军头领，如何称得上杀人如草芥？何况皇帝对此事早有定性，说辛弃疾只是“不无过当”而已。

说到底，还是耿直的王蔺把弹劾写得太狠：御史大人用小说家的笔法，将一位铁心平乱、建军为国的功臣，活脱脱描成了张汤转世。

但辛弃疾没有迁怒于任何人，他明白，只要皇帝仍信任自己，就不会有谁能把他告倒，更何况还是以这种颠倒黑白的方式。然而，这份制书又确确实实是赵昚下的，因此只有一个原因：皇帝不想再让自己做官了。

也罢，回家吧！辛弃疾对着马臀猛挥一鞭子，跃上宽阔笔直的官道，把马车远远甩在背后。

第二节
带湖避世，赋闲生涯

辛弃疾所谓的“回家”，并不是回到山东历城。从匹马南投的第一天开始，他就立下过志愿：终有一天，他会带着大宋的兵马，驱逐金人，让历城和其他所有的北方城池都回归大宋的怀抱。再者，他虽然卸下了官身，却仍是罢职待用的士大夫，一个士大夫前往金国统治区，只要随便想想，辛弃疾就能猜到朝廷会怎么对待自己。

他视野所及的那个家，其实是一处建成不久、独属于辛氏的居所——带湖新居。

自从宋高宗赵构带着所剩无几的北方士人南渡临安后，“避世”这个原本该在隋唐之初就宣告消亡的字眼，又被移居江南的士大夫们重新倡导起来。

他们不喜欢临安“山外青山楼外楼”的吵闹不休，又憎恶穷乡僻壤百里无文士的窘境。即使丢掉了近半国土，饱读诗书的文人依然看重身为孔孟清流的精神清洁，这足以保证他们上可清谈国事，下可操琴养性。然而遗憾的是，在山麓交汇、水网纵横的温婉江南中，能够满足这个要求的地方少之又少。

除了信州。

信州就是今天的江西上饶，是个现实意义上的世外桃源：它身居信江畔上游，物产丰富，人文荟萃，又与临安水陆相通，是块不可多得的宝地。同时，信州也是一座直接通往浙江和福建的交通要道，南北往来都要经过这里。因此，它的城池又大又阔，城中居民却不是很多，有着其他城市难以相比的宁静，足以让任何一位厌恶市井的文士在这里安心居住。因此，有不少士大夫会在信州城内选址做舍。辛弃疾虽然文武双全，但也很难不受这股士林风气的影响。所以早在宋孝宗淳熙六年就任湖南安抚使时，辛弃疾就在信州城物色地皮，准备给自己和家人修一座府第。

带湖就这样无意中闯入了辛弃疾的眼中。当时信州城外买地盖房的士大夫们数以百计，姗姗来迟的辛弃疾很难再选到合适的住址。然而一次偶然的出游，让辛弃疾在信州城北找到了他梦寐以求的居所：此地在灵山门外，是一块地势平坦、绿草如茵的空地，而且三面环城，最适合动土建屋。空地北面正巧还有一座狭长的静湖，湖水清澈瑰丽，恍如宝带飘舞。辛弃疾喜爱不已，当即命名为“带湖”，并立刻买下这块宝地，开始了热火朝天的工程建设。

当年年底，带湖新居的大梁上房。按照南方惯例，辛弃疾满怀欣喜地书写了一篇《新居上梁文》，全文俪语横卧，言辞动人，足见辛弃疾对这座新居的喜爱之情。然而，在上梁文的末尾处，辛弃疾却悠然写道："伏愿上梁之后，早收尘迹，自乐余年。鬼神呵禁不祥，伏腊信承自给。座多佳客，日悦芳樽。"

或许是当初江西匪患的头痛，加之江南官场的腐朽，让尚且称得上年富力强的辛弃疾第一次有了归隐之意。尽管那时他正以百分之百的精力投入自己的职责中去，无奈朝中作对、地方不和者太多，盖一座新居，或许能保证他同家人在被排挤摒弃的时候，在举目无亲的江南有个容身之处。

对自己的家人，辛弃疾一直自觉比较亏欠：赵氏在最险恶的时候就跟随他左右，结果不幸早殇；如兰是堂堂范家的小姐，气质学识皆高过旁门女子不知多少，也对他百依百顺，哪怕是在"二年遍历楚山川"的困难时期，也未曾有过半句怨言；还有卿卿等几个侍妾，如兰身体不好，时常生病，她们就主动承担起照顾他起居的工作，让他不至于在频繁的赴任和微服途中累倒。现在有了带湖新居，他们一家人终于可以好好休息，共享家庭生活了。

带湖新居的建造工期是比较长的，一是由于技术受时代所限，无法速成；二是辛弃疾对这座新居的要求过高，他买下的那块地长有 410 米，宽约 277 米，算下来极为宽广，加上又是头一次打造居所，因此十分看重带湖新居的建造，甚至专门设计了施工图样和楼台装饰，然后才交给承办的工头，要他们按照图纸好生营建。但是辛弃疾毕竟不是术业专攻之才，他能在纸上画出来的建筑，工匠们却不一定能盖得出来，以至于很多设计都没能保留。加之他虽先后任安抚使、转运副使高位，俸禄优渥，但本人廉洁自好，甚至连下属送上的礼金都很少收受，导致投给新居的用度时有时无，工期自然也被一拖再拖。

或许是天意，宋孝宗淳熙八年（1181年），偏偏就在辛弃疾被罢去江西安抚使和隆兴知府职务的年底，带湖新居宣告落成了。辛弃疾闻讯喜不自胜，写下一首《沁园春·带湖新居将成》庆贺：

三径初成，鹤怨猿惊，稼轩未来。甚云山自许，平生意气；衣冠人笑，抵死尘埃。意倦须还，身闲贵早，岂为莼羹鲈脍哉？秋江上，看惊弦雁避，骇浪船回。

东冈更葺茅斋。好都把轩窗临水开。要小舟行钓，先应种柳；疏篱护竹，莫碍观梅。秋菊堪餐，春兰可佩，留待先生手自栽。沉吟久，怕君恩未许，此意徘徊。

带着入住新居的兴奋，还有家人从此不再受颠簸迁徙之苦的宽慰，辛弃疾和家人们正式住进了带湖新居，开始了连他自己也不知道会持续多久的赋闲生涯。

第三节

专属的稼轩

闲居带湖的生活带给辛弃疾的变化实在太多，甚至达到了脱胎换骨的地步。

但凡听说过辛弃疾的后世之人，都知道他有一个著名的号：稼轩居士。然而，当问到这个号的来历时，不少人都只会懵懂地摇摇头，表示茫然不知，即使是书写他传记的人也不例外。

稼轩，其实是辛弃疾对自己最彻底的一次直视。

毫无疑问，带湖新居是辛弃疾有生以来最庞大的一笔投资，而且投入了仅次于组建湖南飞虎军的精力来为这栋居所添砖加瓦。不过，宅院、居所、园林只是带湖新居规划中的一部分，而且是非常小的一部分，占了不到那块地的4/10。这固然也是囿于辛氏的财力有限，担负不起亭台楼阁的巨大花费。然而，辛弃疾真正在意的，其实是带湖新居西面的一片广大区域：在这里，辛弃疾开垦出十余亩田地和稻田，专门用来种稻插秧，甚至还有几片饲养鱼虾用的水塘。综观所有在信州买地的士大夫，恐怕只有辛弃疾一人会把千贯缗钱用在种地上。

稻田所在的区域，正巧是一块地势均匀下陷、水源充足的湿润洼地，最适宜种植劳作。由于这片耕作区地与居所相隔较远，因此辛弃疾又在邻近稻田、地势较高的地方专门修建了一排小屋，专供他耕作时休息。虽然相比起居所，这些小屋看起来有些寒酸，却建得简约通风，炎炎夏日时还可以消暑纳凉，是个极为理想惬意的住所。而这排小屋的名字，就叫作“稼轩”。

所谓“稼”，即是躬耕种作之家，这便是辛弃疾“稼轩居士”的来历。

早在《美芹十论》和《九议》中，辛弃疾就已经不厌其烦地向皇帝赵昚解释过，农业发展对大宋而言不仅是经济目标，也是一项战略目标：南方多山地，少平原，土地兼并现象之严重远远甚于北方，加之有宋以来又十分看重商业，农业的生存空间受到挤压，农民的地位再次一落千丈。然而辛弃疾敏锐地看到，重商对一个在农业文明基础上建立的国家而言，或许能够带来持续的财富，却无法做到持之以恒。更何况，再多的真金白银，也不可能比白花花的粮食更能安慰黎民百姓的心；毕竟人都是要吃饭，军队拿饷打仗之余也是要吃饭的。所以，他念念不忘，也不可能忘记。

只是，面对独属于自己的稼轩，辛弃疾终究不想添加太多的家国忧心进去。他热爱这片小小的田地，以及辛劳时的喜悦，而不是强迫自己忧心忡忡地去联想那些让他不高兴的事情——当他急切地希望承担这些担忧时，那位高坐庙堂的君主不肯给他机会；现在，对方又剥夺了他承担的手段。既然如此，辛弃疾又何必再为难自己？

或许，上天也不忍再看辛弃疾受累，才逼迫他离开那个是非之地，成为闲居躬耕的稼轩居士。但当辛弃疾早在宋孝宗淳熙六年就买下带湖新居的土地时，他一定也隐约预料到了自己的未来——当一个人始终壮志难酬的时候，急流勇退不也是一种担当吗？

或许，他真的是对漂泊不定的游宦生活感到厌倦了。

穷则独善其身，达则兼济天下。人间行路之难是赤裸裸的现实困境，不是宏图大志就能化解的，也不该被化解。当辛弃疾戴上斗笠、自号稼轩的时候，他终于发现，自己也可以像普通人那样拥有一些纯粹的快乐。

第八章 词赋之会，把酒欢歌

然而，当那句“功名浑是错”跃然纸上时，辛弃疾心中究竟想的是什么，已经不得而知了。

第一节

新家落成，种花花已开

辛弃疾是个有福的人：赵夫人在世时，就已为他生下了两个儿子；续娶范夫人后，又陆续有了三四个毛头小子和女儿。人常说“儿多可防老”，辛弃疾当年毅然南投大宋之时，怕也不会想到如今这样。

带湖新居刚竣工时，辛弃疾就急不可耐地把这个好消息告诉了全家。孩子们自然欢呼雀跃——新家落成，意味着他们不需要再在马车上读经温书，意味着他们会有一个除外公家之外最熟悉的居所，更意味着他们的少年时光从此将变得正常起来。

看着儿女们的兴奋劲儿，辛弃疾的喜悦之情也难以言表，他当即挥毫泼墨，写下一首轻快的《菩萨蛮》，和孩子们一起享受这份多年难得的快乐：

稼轩日向儿童说，带湖买得新风月。头白早归来。种花花已开。

功名浑是错，更莫思量着。见说小楼东，好山千万重。

然而，当那句“功名浑是错”跃然纸上时，辛弃疾心中究竟想的是什么，已经不得而知了。

由于四处流转为官的原因，在给儿子们取名时，辛弃疾多会以自己所在的地方为名，如潭、湘等等。但当宋孝宗淳熙八年皇帝赵昚用一纸制书将他罢掉后，无官一身轻的辛弃疾决定给孩子改名——仕途已然成为过往，孩子们没有理由为自己承担这份落寞。

改名也是一门学问。因着“稼轩居”的缘由，辛弃疾让自己的儿子全部以禾字旁为名，比如他的长子和次子就分别叫辛稹、辛秬，此外还有辛秠、辛穮、辛穰。辛弃疾女儿的名字已经难以考证，但想来应当和耕织脱不了干系。有这些孩子在这里，辛弃疾的闲居生活至少能温馨一些。

虽然辛弃疾始终坚持北伐抗金，爱民如子、优抚地方，但作为文人，他还是很懂得生活情趣的：在他为带湖新居规划的草稿中，有一座名为“集山楼”的高阁，据说就是专为欣赏、眺望灵山而设计的。辛弃疾冬日里时常登楼赏雪，后来干脆改为“雪楼”。带湖附近又向来有山水成映之趣、梅兰竹菊之美，泛舟湖上、赏花月下的美事，是他多年来不曾有过的享受。辛弃疾也是人，当然可以为了自己的需要去流连其中，久久不愿离开，尽管他依旧能一字不差地说出沿江所有重要军镇的名字和戍守官兵的理想兵力。而当陶醉于带湖新居的清丽之美，他的内心终于能够得到真正的平静。

和辛弃疾一样被带湖新居深深吸引的，还有他的众多朋友和同道。新居尚未完工，辛弃疾就将规划和美景绘制成图，飞马送信给江西名士洪迈，请他为自己的新家写一篇记文。洪迈素来仰慕辛弃疾的生平和为人，却不想他竟拥有如此诗情画意的居所。感慨之余，他当即带着好奇和敬慕写下《稼轩记》赠给辛弃疾，对他的审美意境大加赞扬，字里行间都透露着对他独占江南带湖的欣羡。但饶是洪迈也想不通，为什么抗金意志最坚定的辛幼安，会甘心把自己委身山林、从老农学稼。或许在这位名士看来，身材魁梧健壮的辛弃疾不可能在这座美轮美奂的居所里住得太久，那样既不合他的本心，更不是上天应有的公平。

不幸的是，他的思虑终究演变成了现实。

然而辛弃疾并不认为带湖新居与自己有什么不相称的地方，他由衷地喜爱这里，以闲居稻田自豪，并且乐意将这种纯粹的自得其乐分享给其他人。住进新居不久，好友朱熹正巧进京履职。路过信州时，这位朱圣人竟放下身段，悄悄潜入带湖新居探查，出来后就向两人共同的朋友陈亮夸赞，称辛弃疾的居所竟然“为耳目所未曾睹”，大有闻韶音而三月不知肉味的境界，足见辛弃疾在带湖新居的营建上下足了功夫。

陈亮字同甫，算得上是大宋第一鬼才，为人也狂放无端。早在新居上梁时，他就透过辛弃疾的上梁文了解到了新居的富丽堂皇。但陈亮偏不信这个邪——他文采飞扬，又是富人家的女婿，辛弃疾只是个不得志的前任地方官，他的房子能比得过自己吗？于是陈亮说干就干，也选了一块地皮营建居所，大小房屋盖起来一看，终究没有辛氏的意境，方知自己贻笑大方，后来还在信中将这件玩笑事说给辛弃疾听。

其实，不是陈亮学不来辛弃疾的境界，而是他读不懂辛弃疾大起大落后的豁然开朗。在《水调歌头·盟鸥》一词中，辛弃疾毫不掩饰地说“带湖吾甚爱”。既然是爱，那就不可能只是简单的喜欢和怜惜，而是真正将自己的心许给了带湖。

但上天似乎见不得辛弃疾这么快就过上幸福生活，偏要扔给他一次劫难。辛弃疾一生共有九个儿子，其中最得他喜欢的就是小儿子。小儿子铁柱是如兰在赣州所生。和所有的文豪俊杰一样，辛弃疾终生好酒，却苦了他的孩子们，很少有人能继承他的才华，唯有铁柱精灵机敏，最像父亲。辛弃疾对这个小儿子也十分溺爱，有心着力培养，让他继承衣钵。然而到了宋孝宗淳熙十一年（1184年），铁柱却不幸夭折，时年未满十岁。辛弃疾悲痛莫名，就着眼泪写下《清平乐·为儿铁柱作》，以寄托对爱子的思念：

灵皇醮罢。福禄都来也。试引鹓雏花树下。断了惊惊怕怕。
从今日日聪明。更宜潭妹嵩兄。看取辛家铁柱，无灾无难公卿。

铁柱的夭折给辛弃疾的精神世界造成了严重创伤，令他开始怀疑一切，怀疑人生的价值。如画的带湖，留得了他北方来的辛弃疾，却留不住他的铁柱，更留不住那颗滚烫炽热的报国之心。也就是在这段时间里，辛弃疾的思想境界发生了很大变化——他不再汲汲于个人境遇，懵懂中开始向往陶渊明采菊东篱下的归隐生活，渴望有机会逃脱尘网，然而他终究放不下匡扶中原的志愿。当矛盾交织在一起，便成就了风格最多变、感情流露最为彻底的词作：

晚岁躬耕不怨贫。支鸡斗酒聚比邻。都无晋宋之间事，自是羲皇以上人。

千载后，百篇存。更无一字不清真。若教王谢诸郎在，未抵柴桑陌上尘。

从这首《鹧鸪天·读渊明诗不能去手，戏作小词以送之》来看，想要让辛弃疾彻底放下宏愿，跟随陶渊明的脚步是不可能的，但让他再积极谋身也断不可取。这位坚强果决的文武斗士，正经历着最复杂的蜕变期。

痛苦思索出路的同时，辛弃疾仍旧在努力地享受生活。在为铁柱守丧期间，辛弃疾前往铅山县东的期思村观光，竟偶遇一泉，泉水“飞流万壑，共千岩争秀”，奇美非常。辛弃疾看了又看，终于笃定心思，取泉水“下舀入瓢”的特质，将其命名为“瓢泉”。他还在泉水附近买下几间房产，准备日后营建新居所。可捏着炭笔在白纸上画了几十个圈，辛弃疾始终找不到当初勾画带湖新居的热情，最后只得交给工匠，让他们自行设计。

在沉寂寥落之中，陈亮的来访就显得弥足珍贵。

第二节
琴瑟之和，舞剑长歌

闲居期间，辛弃疾经常和友人聚会，或与他们游山玩水，或与他们把酒欢歌。这其中有前吏部尚书韩元吉。他比辛弃疾年长，却十分看重辛弃疾的武功；而辛弃疾也经常在韩元吉寿辰时题字送词，两人关系非同一般。其中，辛弃疾在韩元吉67岁生日所赠的那首《水龙吟·甲辰岁寿韩有涧尚书》更是妙趣横生，读来令人满口留香：

渡江天马南来，几人真是经纶手？长安父老，新亭风景，可怜依旧！夷甫诸人，神州沉陆，几曾回首！算平戎万里，功名本是，真儒事，公知否？

况有文章山斗，对桐阴、满庭清昼。当年堕地，而今试看，风云奔走。绿野风烟，平泉草木，东山歌酒。待他年，整顿乾坤事了，为先生寿。

除韩元吉外，与辛弃疾结交的文士数以十计，但这其中，他私交最好的两位朋友当属朱熹和陈亮。

若单论性格心智，辛弃疾与朱熹本没有理由成为挚友：朱熹精研儒学，却对朝政毫无感念，遑论北伐恢复的取向。他不断呼喊的是“克己复礼”和“天道轮回”的道德性命之说，对辛弃疾和其他主战派大动干戈的想法很是不屑，却极少有见辛弃疾反驳。由于史料的缺乏，朱熹和辛弃疾缘何交结已不得而知，然窃以为，如果两个成年人可以放下成见做一生一世的挚友，友情之深切，怕是旁人难以想象的。

相比起来，陈亮和辛弃疾的倾心交往则显然带有理所当然的味道：陈亮是永康人，世称龙川先生。他是南宋著名的思想家，在讲究义理修身的南宋，他却主张兼行王霸之术、“经世致用”，因他而出的永康学派影响深远，甚至一直延续到了明朝。同时，陈亮也是位力主抗金的爱国志士，他曾像辛弃疾一样，先后向赵昚上《中兴五论》和《酌古论》等书，极力言及抗击金国和驱逐投降派的重要性。他还亲自前往镇江考察，认为大宋应当尽快将行在迁往建康，坐稳东南之余从容北伐，与辛弃疾的观点不谋而合。而陈亮投书时，辛弃疾正巧在临安任大理寺少卿，两人一见如故，从此结为至交。

陈亮也是个颇具传奇色彩的神人：他满腹经纶，学富五车，却不喜入仕为官；口无遮拦，因罪下狱，落难时却能得到宰相和皇帝的垂怜；藏身民间，钟情布衣，却不断为朝廷推荐能人贤士。他对道学义理憎恶至极，却也和辛弃疾一样，同朱熹情同兄弟。

宋孝宗淳熙十五年（1188 年）是辛弃疾闲居时最艰难的时候：

就在前一年，朝廷给了他冲佑观奉祠的职务，让他继续领取官职俸禄。

所谓“奉祠”，也叫“宫观”，是一个标准的闲差，是朝廷专门为那些受年龄或政见等原因限制而无法入朝的官员设置的官职。具体来说，就是有待遇，无职级；有俸禄，无责任。甚至连受命者本人都不需要去那些道观履职，朝廷会自动把俸禄发给其所在的官府，再由官府转发本人——不过就是一笔小钱。因此对于这个任命，辛弃疾不置可否，安然接受，但刻意不去思虑朝廷意欲何为。不久，韩元吉等年长的好友相继谢世，辛弃疾顿时陷入生老病死的孤寂之中，结果一病不起。

辛弃疾起初不愿养病，那意味着他会失去很多博览山野的时间，而且没有酒喝——他即将步入天命之年，没有多少时间能花费在康复上了，于是治治停停，一直拖到当年冬天，总也不见有好转。这病似乎也和辛弃疾的心境一般，逐渐走向了死胡同。

就在这时，陈亮来了。

“稼轩兄，老气横秋的是为哪般啊？莫非看不上我这个没官身的！”

辛弃疾惊喜非常，“垂死病中惊坐起”，喜笑颜开地为陈亮置酒接风，无论家人怎么劝都不听。陈亮也大大咧咧，捏着老友的花白胡子诙谐打趣，丝毫不把辛弃疾当成病人——除去那些已经辞世的好友，恐怕只有陈亮能明白，稼轩居士得的是心病，寻常草药是治不了的，毕竟心病要靠心药医，而陈亮是很有信心做那味药引的。

挚友的到来确实让辛弃疾病患大退：他带着陈亮纵览带湖美景，又修书给朱熹，请他也来相会。但朱熹辞官后行踪不定，始终没有赴约。于是辛、陈二人继续出游，从带湖一直游览到瓢泉，共饮泉水，过得惬意至极。游完瓢泉，两人又去带湖西南的鹅湖山观赏。陈亮兴奋莫名，在带湖待了十几天。其间他和辛弃疾纵论国家大事，把大宋、金国、朝政、民生一一道来。说到激愤时，二人甚至舞剑长歌，似要将数十年的郁结一吐为快。

然而，陈亮此次拜访辛弃疾，也是因为想要和朱熹见面。朱老夫子迟迟不来，也令陈亮兴致大减，他准备动身回永康家中。辛弃疾百般挽留而不得，只好送他离开。到了第二天，辛弃疾心中不舍之情萦绕不去，急忙命南剑随自己快马追赶，想要追陈亮回来，最后却因大雪阻道作罢。

回到带湖后，辛弃疾越发地思念陈亮，孤寂感再次油然而生，遂挥毫泼墨，写下一首《贺新郎·把酒长亭说》，命南剑快马送去给陈亮赏读：

把酒长亭说。看渊明、风流酷似，卧龙诸葛。何处飞来林间鹊，蹙踏松梢微雪。要破帽多添华发。剩水残山无态度，被疏梅料理成风月。两三雁，也萧瑟。

佳人重约还轻别。怅清江、天寒不波，水深冰合。路断车轮生四角，此地行人销骨。问谁使、君来愁绝？铸就而今相思错，料当初、费尽人间铁。长夜笛，莫吹裂。

一句“剩水残山无态度”，道尽世态的炎凉和辛弃疾内心的渴望。不久，收到词作的陈亮感慨万千，当即写下一首《贺新郎》唱和辛弃疾，表达了对同为抗金斗士的好友的敬佩和期盼，并表示要和辛弃疾永为至交，至死不渝。

接到回信后，辛弃疾的心情再也无法平静了：他知道挚友果然也在思念着自己，又约下终生之谊。如此交结，自己岂能负之？况且，当陈亮词中那句“父老长安今余几，后死无仇可雪”的嗟叹喷薄而出时，简直像一股热流击中了辛弃疾的要害。感怀之下，他当即又和一首《贺新郎·同父见和再用韵答之》给陈亮：

老大那堪说。似而今、元龙臭味，孟公瓜葛。我病君来高歌饮，惊散楼头飞雪。笑富贵千钧如发。硬语盘空谁来听？记当时、只有西窗月。重进酒，换鸣瑟。

事无两样人心别。问渠侬：神州毕竟，几番离合？汗血盐车无人顾，千里空收骏骨。正目断关河路绝。我最怜君中宵舞，道“男儿到死心如铁”。看试手，补天裂。

看到辛弃疾的和词，陈亮就已明白，这场爱国词人间的琴瑟奏鸣必将继续下去。于是他连写两首《贺新郎》寄给辛弃疾，词调高亢激烈，恍如山洪冲城一般，打定主意要和辛弃疾共谱壮志篇章。

然而，当看到这两首和词时，辛弃疾却沉默了。“淝水破，关东裂”“壮士泪，肺肝裂”，敲打的不正是南投前的那个壮志青年吗？而如今的他却在做什么？读书、持家、含饴弄孙！这哪是一个背负国仇家恨的人应该做的事情?

坐在带湖居所的书房里，看着陈亮曾经舞弄过的宝剑，辛弃疾无言以对。

“辛弃疾啊，辛弃疾，你当初是带着国仇家恨投效大宋的，不是为了几顶乌纱。若是为求富贵，你又何必南投？干脆追着党怀英的步子，去从金贼罢了！山东父老和中原的百姓们，还在金贼的铁蹄下受尽煎熬，你却悠然游然地住在带湖之畔，做些文士学道的勾当，你这般消沉、这般迂腐，又对得起谁?!”

第二天，辛弃疾唤来南剑，命他再给陈亮带去一封书信。他要南剑同陈亮说清楚，信中的那首词是自己的最后一次唱和。同时他也请好友见谅，因为情难自已，他这次没有用《贺新郎》的词牌。

看过书信后，陈亮的反应如何，在今天已不得而知。但辛弃疾的这首词却永远保存了下来，几乎成为他一生感慨的缩影，它就是《破阵子·为陈同甫赋壮词以寄之》。

醉里挑灯看剑，梦回吹角连营。八百里分麾下炙，五十弦翻塞外声，沙场秋点兵。

马作的卢飞快，弓如霹雳弦惊。了却君王天下事，赢得生前身后名。可怜白发生！

然而不只是词牌名，同时被换掉的，还有一位险些走入山林、彻底归田园居的诗人。取而代之的，则是一名不屈的斗士。

第三节
一桩荒唐命案

宋光宗绍熙元年（1190 年），陈亮再次入狱，罪名仅仅是涉嫌在宴会中毒杀乡党。而当地县令记恨陈亮才名，到处搜罗证据，终于判其死罪，把陈亮绑缚临安发落。按大理寺律例，只要程序没有什么问题，皇帝就会将陈亮勾决问斩。而朝中百官对陈亮早就看不过眼，纷纷落井下石。一桩荒唐命案，瞬间就把曾经肆无忌惮的陈亮逼入绝境。

惊闻陈亮论死，辛弃疾大呼冤枉，想尽办法要为朋友洗冤。然而今时不比往昔，他一个罢职的闲人又有什么资格参与其中？绞尽脑汁之际，辛弃疾忽然记起前任信州太守郑汝谐已官升大理寺少卿，过去与自己私交也不错。于是他连忙命南剑备上厚礼，同时带着他的亲笔长信去临安，请求郑汝谐无论如何也要救陈亮一次。

接到辛弃疾的信件后，郑汝谐立刻调动人手重新查案。他对辛弃疾素来敬仰，又熟知陈亮大德，思忖他绝不可能作出害人性命的蠢事。于是他明察暗访，甚至亲赴陈亮家乡调查，终于确定这是一起明白无误的冤案。郑汝谐心下大慰，立刻写好奏章上报光宗赵惇，极力为陈亮辩解。

面对大理寺的翻案，群臣一时哗然，认同者有之，反对者亦有之。列位大人各执一词，围绕着陈亮是杀是赦争执不休，偌大的朝堂上顿时吵作一团。

对群臣的反应，赵惇是有准备的，而且心里早已明镜一般：他根本不在乎陈亮是罪是冤，因为郑汝谐的奏疏已然证明陈亮是无辜的。更何况，陈亮还算得上是这位新皇帝的“知己”。

当年给赵昚上书议论时，陈亮曾极力劝谏赵昚，让赵惇监国历练，好在未来从容承袭大统。赵昚则反应暧昧，最后干脆不理会他。

赵惇却截然不同：听闻陈亮的上奏，他察觉到了无限的安慰之意。他当了几十年太子，早就想尽快登基，可当皇帝的父亲就是不愿意让位于他。因此，对于陈亮“飞来”的支持，赵惇十分感激，心里早就倾向于他。只是，朝臣的情绪又是皇帝必须照顾的。于是赵惇好言安抚郑汝谐，要他稍安毋躁。

郑汝谐得到赵惇的明确表态，欣喜之际，立刻飞报带湖。辛弃疾悬着的那颗心总算放了下来。他感念郑汝谐的仗义执言，当即命南剑准备厚礼，打算亲自去临安向置致谢。

这天清早，南剑起身前往城中置办礼品，辛弃疾则又细心交代了他一番，让他务必要按郑汝谐的喜好采买。直待南剑策马而去，他才转过后堂，去房中陪如兰说话。

如兰的身体一直不太好，辛弃疾又在外奔波多年，如兰始终都需要靠药石支持。而八年前铁柱的夭折，无疑再次无情地摧残了她的肉身和精神，她从此一病不起。曾经琴棋书画无不擅长的范家小姐，如今已然沦为长居卧榻的老妇。

辛弃疾对妻子始终抱着一份愧疚：当年岳父和妻舅待他如亲人一般，主动将掌上明珠许配于他，盼的就是有朝一日他能成就功名，不枉费他们的好心。可如今自己却成了什么？一个被罢职在家、只靠躬耕务农打发时光的闲人，虽然朝廷几年前给了一个冲佑观奉祠的差事，可饶是辛弃疾也懂得，那不过是个吃空饷的虚职，于他匡扶中原的大志毫无意义。然而眼下妻子患病，他也只好用陪床闲谈的方式，略微补偿一下多年来对她的忽视。

想到北伐，辛弃疾不自觉地又生出几许落寞。而这份落寞，则被如兰尽收眼底，她明白丈夫的孤苦。闲居带湖的日子里，丈夫看起来过得很逍遥，实际内心里念叨着的还是北方；崇拜陶渊明那是说给外人听的，不然丈夫也不会在词里称这位隐士是“卧龙”——他是多么希望能够遇到自己的刘皇叔啊！可事实却是这般无情。如兰无奈地想着，于是干脆也不再想什么劝慰丈夫的事情，只要他过得安好便是，哪怕只是表面上的。

两人就这样你一言我一语地说些情话，宛如 20 多年前初识那般亲切。

“老爷，不好了！”惬意的当口，南剑突然惊慌失措地跑进屋来，扑倒在辛弃疾跟前。

大好心情被搅扰得一干二净，辛弃疾当然十分不悦。他拍了拍小管家的天灵盖："失了什么心疯，偏要这般聒噪？"

"老爷，小的今早去城中为少卿大人置办，却见有朝廷宣诏大使的旗号！"南剑上气不接下气地回道，"一位熟识的差人小哥还同小的说，大使似是要给老爷宣诏的，午时便会往府中来了！"

这个消息如同晴空中一声霹雳，令辛弃疾夫妇惊惧不已。如兰担忧地问丈夫："莫不是官人平日与同甫先生过从甚密，令朝中的相公们不悦？"

"不可能，"辛弃疾很快从惊愕中反应过来，摇着头否定道，"同甫乃是放浪形骸之人，相公们虽对他有所非议，但不至于将我们全数打压。怕是有别的事由吧？"

"可是，若是只寻官人，只怕……"十年前的那张制书至今还摆在香堂里，如兰念念不忘。她虽是个大门不出、二门不迈的妇道人家，却也晓得朝廷的御史这些年来从未肯放过丈夫。她生怕新皇登基想再进一步，把丈夫的官身悉数褫夺。这样的话，且不说辛弃疾再没有出头之日，甚至一家老小也会遭遇厄运。

"福祸皆为定数，既然躲不过，便安然接受吧。"辛弃疾安慰妻子后，回过头又吩咐南剑，"快命人摆置香案供奉，再叫小夫人准备三份仪金！"

火速交代下去后，辛弃疾便将妻儿老小全数唤出，恭恭敬敬地守在辛府正厅前的院子里，静待来人造访。

果然，不到半炷香的工夫，锦衣华服的临安来使就带着金吾卫踢开了带湖新居的大门。

"辛弃疾听宣！"

来使的语气威严无比，含着乡野之人多年不曾听到过的森然。辛弃疾胸中一凛，急忙唤家人，自己则拄着拐杖艰难地跪倒在香案前，仔细聆听来使的高声唱念。然而，对方口中吐出的每一个字，都让他感到难以寻味的模糊，还有出人意料的无聊。直至“钦此”二字读完，诏书宣读完毕，马上要接诏谢恩时，辛弃疾仍旧跪在地上保持入定姿态，似乎不知身在何处，正做着一个已经做了好几十年的梦。

那来使在香案后面等了好一阵，却见辛弃疾迟迟不肯谢恩，脸色瞬间就变成了绛紫色，气得准备拂袖而去。同来宣诏的两位金吾卫也表情不善，伸手摸向腰间的兵刃。

他们的举动，南剑看得极为真切，急忙壮起胆子，伸手掐辛弃疾的小腿，轻声唤道：“老爷……老爷！”

“唔！”吃痛闪回的辛弃疾迅速反应过来，重重拜倒在地，“罪臣卑鄙，乞恭请天安，吾皇万岁、万岁、万万岁！”

“圣躬安。”来使的不悦终于散去，但仍旧绷紧着面皮走程序。

“罪臣感怀，谨叩谢天恩，万岁、万岁、万万岁！”

“天恩浩荡。”

“罪臣惶恐，望永服辞训，吾皇万岁、万岁、万万岁！”

“宣厉乃诚。”来使的表情终于舒缓开来。

三呼万岁后，辛弃疾终于完成了接旨的仪式。他站起身揉了揉跪得酸麻的膝盖，只觉得那场梦似乎还是没有醒来。

宋光宗绍熙二年（1191 年）底，在带湖闲居了十年的辛弃疾，再次接到朝廷的一纸任命，成为新任福建提点刑狱。

第九章

壮志难酬，使命犹在

不过是十多年前那场巨变的翻拍，他又有什么可怕的？只是，当辛弃疾强迫自己这样想的时候，总会有说不尽的酸楚涌上心头。

第一节
出山赴任，福建提刑

事实上，在朝廷任命自己主管冲佑观万奉祠的时候，辛弃疾就已经预料到，他势必会在不久的将来重出山林，却没有想到需要等待数年，而且与自己期望的方向大相径庭。

更何况，辛弃疾这次已经鲜有当年的激情澎湃了——他老了，也累了。在韶华尚在的年月里，朝廷没有珍惜他的存在，反而节节打压、处处钳制。现在，他好不容易在信州得到了惬意的生活和乐趣，朝廷却又将他这位老人的平静生活夺走，逼迫他重新成为破落帝国的一片齿轮。如此招之即来、挥之即去的态度，饶是毫无关系的旁人，应该也是看不下去的。

然而辛弃疾最与众不同的地方就在这里：他可以一如既往地借助填词来申诉自己的壮志难酬，却从不会拒绝临安宫中传来的旨意。任命到达的当天，辛弃疾就发动全家，收拾好行装，带着南剑等人前往福建赴任。这是因为辛弃疾永远都是个责任感充盈的人——哪怕这个朝廷对不起自己一万次，只要有一次机会，他也会为大宋的安危奋斗不息。

再者说，他已53岁，已经没有多少时间继续等下去了。

早在宋孝宗淳熙十四年（1187年），赵昚还没有禅位的时候，时任左丞相的王淮就想要起用辛弃疾，让他去福建当安抚使——在王相公等人看来，新幼安绝非文才，而是实打实的帅才。他自幼生活在金国，又曾带兵起义，最终全身而退投到大宋，艺高人胆大的行为早已证明，他是不可多得的良将。镇抚地方的时候，他既能安民，也会平乱，又拔除了好几个作乱多年的“大钉子”。而福建鱼龙混杂，又因靠海而时常被海寇骚扰，看似地处大后方，实则是最不稳定的“火药桶”之一。把辛弃疾派去福建坐镇，不正是最明智的选择吗？然而，王相公的想法甫一摆出，旋即遭到右丞相周必大和那些主和派官员的强烈反对。周相公当着赵昚的面称，辛弃疾是北人，行事粗鲁残暴、杀人如麻，为官地方时又狂敛财富、桀骜不驯，这样的人怎么可能爱民如子呢？

王淮当然不能接受他人这般评价他的“爱将”，当廷与周必大争吵起来——调辛弃疾去做安抚使，自然不会只要他降服福建一路兵民，而是要为后来新的北伐举动做准备。不过最令王淮意外的不是主和派大臣们的反对，而是周必大的态度：辛弃疾在湖南筹建飞虎新军的时候，正是这位周相公在赵昚面前力陈辛弃疾统兵、训练飞虎军的好处，并将辛氏大大褒奖了一番，赵昚才放心地打消从御前调派临安将领去湖南的想法。却不想三十年河东，三十年河西，曾经的保护者竟然站到了对立面。

若是王相公细细思索一番，就不难理解周必大的态度为何会出现一百八十度的大转弯：当王淮不吝惜任何溢美之言描绘辛弃疾的才干时，周必大却始终在强调一个词——桀骜不驯。

辛弃疾担任封疆大吏多年，又总在民乱频繁的地方任职。对待民乱领袖，他向来抱着斩草除根的目的，因此基本是能杀就杀，以致死在他手下的起义将领不计其数。但从朝廷的角度来看，辛弃疾杀的都是“该杀”之人，所谓杀人太多纯粹属于欲加之罪。真正有力的指控，还是将赵昚深深震撼到的那句“桀骜不驯”。

桀骜不驯的意思就是不听话、不好控制。赵昚这个皇帝是在秦桧的阴影下长大的，他决不能容忍文官可以凌驾于自己之上，但凡有人胆敢恃才挟君，无论对方是谁，他都会极力打压，以防止官员做大。而皇帝偏激的心理动向，早已被老谋深算的周相公洞悉。

但王淮不在乎，他是主战派的旗帜，自然要迎风到底，于是红着脸和周必大吵了好几个时辰。赵昚心烦无比，终于赐给辛弃疾一个冲佑观奉祠官的闲职，权当应付众人。因此，直到赵昚内禅，老太子赵惇登基成为光宗，辛弃疾的命运才终于出现转折。

次年春天，辛弃疾携南剑、卿卿等家眷仆人，迎着春风前往福建上任。他本想顺路探望建阳的朱熹，无奈行程紧迫，只得暂时修书一封，令南剑前往朱熹所在的考亭据实以告，自己则抓紧时间赶路。一个月后，辛弃疾终于骑着健马来到福州城外，与福建安抚使林枅（音基）草草交接完毕，就急不可耐地赶往提刑衙门就职。

林枅有些不高兴。听说辛弃疾今日来闽，他一早就令下面仔细准备，自己则专门出城去迎接，不想对方却毫不领情，不仅言辞应付，还拒绝了安抚使大人的接风宴。林枅对辛弃疾的名声素来羡慕，所以才向这位名义上的属下积极示好，而辛弃疾的做法无疑让他在失望之余，更是燃起了许多不满，两人的矛盾就此种下。

辛弃疾却没有那么多心思考虑这些心术。到任伊始，他就命令下属将提刑衙门的案卷全数取出，逐一翻阅复查，结果发现福建的刑狱之坏难以想象——福建人口密集，百姓成分复杂，很多案件处理时本身就有难度；加之福建负责着大宋的海外贸易，因此涉及海寇和官商勾结的案件非常之多，亟须有能臣干吏负责处理。由此可见，赵惇顶着压力将辛弃疾命往福建，多少也有些下猛药的意思在里面。

无所畏惧的辛弃疾立刻行动起来，如同当年在江西所为的那般：他迅速撤换了冤假错案频发地区的提刑官，改派了一大批廉洁公正、熟稔律法的干吏前往就职，要他们限期清理沉疴。他自己则对福建全省的提刑衙门发出通报，要求其余官吏不得再以重法治案，尤其是那些仅涉及民事的官司和纠纷，提刑官们务必减轻其罪，严禁随意捕捉百姓入狱。同时，他又多次召见各地官员，和他们一一约谈，严厉约束这些有机会渎职的人。辛弃疾的举措很快就收到了成效，不少县乡的刑狱治理得到极大改善，积弊几日间竟被清扫一空，整个福建官场似乎也被辛弃疾所感染，开始变得昂扬向上。

然而，大宋百年来铸下的腐朽，又岂是一个辛弃疾能够扭转的？果然没过多久，就有小丑跳了出来，公然向辛弃疾发难。

事情本身其实很简单：辛弃疾提拔了一位鲍姓主簿做长溪县的提刑官，然后将他派往查案。鲍提刑到任不久，就学着辛弃疾的样子重翻案卷，改判了大部分由长溪县令批阅过的判决，拯救了不少无辜百姓。

鲍提刑所为固然可敬，却到底官场经验不足：经他改判，那些原本因罪坐牢的犯人重获自由，导致偌大的长溪县大牢只剩下十几个犯人。长溪县令面子上挂不住，一怒之下又将犯人全数捕回，还撤掉了鲍提刑的公职，直到后者反省“认错”才许复官。偏偏鲍提刑又是个脾气刚猛的书生，坚决以硬碰硬的方式对抗上官的无礼挑衅，宁可靠典当家财度日也不肯道歉。两人争斗得越来越厉害，最后一直闹到了福州。林枅则乐得找辛弃疾的不是，大笔一挥就将麻烦甩到了提刑衙门，想看看辛弃疾怎么处理。

辛弃疾浑然不知林枅的好事之心，他见长溪县令和鲍提刑各执一词吵闹不休，自己又不擅长处理官场矛盾（他也不屑处理这些“闲事”），干脆就用最笨的办法：命人快马赶往长溪，把那些鲍提刑改判前后的卷宗全部送来福州，然后由他本人亲自核阅，任凭二人在堂下恶言相向。

从上午看到日暮西垂，辛弃疾终于坐不住了：鲍提刑的重审不仅没有任何问题，有些案子的判决甚至比他本人还要高明许多！

他迅速召来吵得面红耳赤的两人，当他们的面宣布了自己的看法：“鲍提刑秉公执法，裁定冤屈，实乃刑狱神断。如此干吏，上可慰藉君父，下可守候黎民，当即刻复其公职，并予勉励拔擢!”

嘉奖完鲍提刑，辛弃疾又恶狠狠地瞪着长溪县令：“长溪县令身为朝廷命官，受孔圣教化，奉天子而牧守万民。然上不思君恩社稷，下不顾百姓生死。先有违例定案、冤枉苦主在前，又有睚眦报复、欺侮同僚在后，致使长溪区区县府，竟赭衣充道、遍布囚徒，实乃刑狱害民之祸首！念耳为政日短尚需历练，且本官无意解你官职印绶，便暂且回长溪听差，好生抚慰百姓，厉行仁德之劳。若再有义纵、江充之所为，休怪本官不念同僚之谊——专折送抵临安之日，便是官身褫夺之时!”

一场闹剧般的争斗就在辛弃疾果断刚正的判决下收场。然而这次争斗带来的余波却并未消除：辛弃疾的刚猛做法有效震慑了那些身居福建的庸官贪官，但又使他们对辛弃疾更加恨之入骨。特别是安抚使林枅，他本自视甚高，与上下同僚的关系极其恶劣，是个难以相处的人。辛弃疾身为外乡人，却不守客道，把福建官场整饬得风风火火；各级官吏言称福州，势必要谈及辛提刑，却闭口不谈林大帅。心胸狭窄的林枅每每听到这些谈论，都恨辛弃疾恨得咬牙切齿，简直想要将他生吞活剥。

至于辛弃疾，他早就看出来林枅对自己腹诽颇多。但天命之年的辛弃疾很聪明，没有像年轻时那般莽撞，无论林枅怎么挑衅生事，他都一概不理，只专心埋头处置福建的刑狱公务，甚至连安抚使衙门都不去。

几个月后，南剑带着朱熹的回信抵达福州。据他说，朱老夫子确实不好找，虽然身在建阳，但今日游学泛舟，明日入山问道，后日又开堂授徒。南剑硬是等了许久，才等到朱老夫子回考亭。让辛弃疾感到欣慰的是，朱熹虽不喜为官，却对他抱了很大希望，认为有他和林枅在，福建的百姓一定能够过上好日子，如此，也不枉仙去的好友们对辛稼轩的殷切盼望——朱老夫子肯定没有听说过林枅的为人。

当年九月，一个更令辛弃疾放松的消息传来：林枅死了。

第二节

推行政令，安居乐业

虽然林枅与辛弃疾在政见和为人上互有成见，且林氏向来不容他，但本着同僚之谊，他还是前往林府悼念。毕竟这位林大帅虽然对他咄咄逼人，却至少没有横加干涉提刑衙门的公务。可见林枅作为一名封疆大吏，至少是合格的。

送殡之后，辛弃疾便带着家人下属离开了福建提刑衙门，搬往他的新官邸：福建安抚使衙门。

由于林枅突然病死，福建安抚使的职位出现空缺，朝中也尚未选定新的继任者。而皇帝赵惇有心考验辛弃疾，便命他暂时代理福建安抚使之职。如果做得好，赵惇就可以直接任命辛弃疾为福建安抚使。

辛弃疾自然明白这个道理，何况他对官职一向来者不拒，只求安守职责，问心无愧。于是，年过半百的辛弃疾甫一就任，就积极整顿吏治。那些贪官污吏半年多前就领教过辛弃疾的为官之道，早已对他望而生畏，如今辛提刑走马上任成了辛大帅，自然更没有理由放过他们。短短数月，就有不少贪官应声下马，很多过去因不与上官沆瀣一气而遭受打压的清官则被辛弃疾一一提拔，成为造福一方的廉吏。一时间福建官场严肃，大有焕然一新的趋势。

辛弃疾虽然不怕得罪官场，但他也知道，想要真正让百姓过上安居乐业的生活，就必须在政务上有所改善——有才学的官吏比比皆是，可如果苛政横行，压榨百姓，饶是包青天在世，也不可能有回天之力。于是没过多久，辛弃疾就以福建安抚使衙门的身份向朝廷上书，请求在福建最破落的汀州推行两项政令。

第一项政令叫作经界法。所谓“经界”，就是丈量土地边界的意思。福建多山，且濒临大海，可供耕作的土地本来就少之又少。到了南宋年间，由于地主豪绅不断兼并土地，导致漳州、泉州、汀州等地的土地几乎被垄断。而自古以来，平民上缴的赋税和徭役都是通过土地来核定的，可这些地方的百姓根本没有土地，又怎么有钱缴税？那些豪强占据着大片耕地，却只需上缴极少的赋税，反将大量应缴而未缴的赋税全数转嫁给了地方，导致百姓们不堪重负，出现税与地完全脱离的怪现状。

辛弃疾了解到这些情况后，便决定上报朝廷，重新丈量、核对土地，按照所有者实际拥有的土地理算税赋。他很巧妙地避开了豪强林立、农户稀少的漳、泉二州，建议朝廷只需在收入水平相对平衡的汀州一地实行“经界法”，从而缓解此地百姓的赋税压力。

第二项政令叫作钞盐法。福建内山外海的独特地形，为海上贸易创造了极大便利，同时也对平民生活造成了掣肘：盐是百姓一刻也离不开的生活必需品，自古就是官府专营，即官盐。然而福建的内陆地方是不产盐的，需要靠盐商将成盐驮入买卖。因此，在一些不靠海的州府，官府允许盐商缴税后自由买卖成盐，这就叫“钞盐”。汀州地靠内陆，本就需要盐商供应，可这里却实行官盐制度。官盐工艺极差，质量低下，纯属粗制滥造的应付品。百姓们宁可冒着风险向私盐贩子买盐，也不肯买官盐。官府卖不出官盐，就强行向百姓摊派定额，致使汀州的百姓叫苦连天。辛弃疾这才奏请朝廷，让汀州也实行“钞盐法”。

朝廷很快就允准了辛弃疾的请奏。辛弃疾兴高采烈，当即命令下属前往汀州发文。百姓们对两项仁政反应热切，十分感激辛弃疾的功德。而看到汀州百姓能够安居乐业，辛弃疾那颗冷落了整整十年的心终于再次蓬勃滚烫起来。他终于再次体会到自己矢志为国的价值所在，心情也比十年前做官时好了很多。

然而天有不测风云，正当辛弃疾干劲十足地在福建工作时，朝廷的一纸诏令再次让他不知所措。

诏令的内容很简单：赵惇已任命通奉大夫、显谟阁学士、当朝帝师郑侨为新任福建安抚使，兼福州知州。至于之前一直兼任安抚使和提点刑狱的辛弃疾，则在安顿好所有公务后，收拾衣冠，前往临安召对。

此时，距离辛弃疾代理福建安抚使职务不过三个月有余。

命运仿佛给辛弃疾开了个不大不小的玩笑，最后转了一个圈，又重新回到了原点。辛弃疾虽然勉强称得上是年富力强，却仍旧脱不出皇帝招之即来、挥之即去的困窘。似乎所谓兴复、北伐，都只不过是他给自己贴上的标签，皇帝和朝廷看亦可，不看亦可，终究不会做什么理会。

辛弃疾依然记得第一次临安召对时，端坐龙椅之上的赵昚是如何冷淡自己的。他想不明白，既然朝廷对自己不信任，也没有什么匡扶中原的心思（事实上他们确实没有），又何必将自己从带湖撵出来，还装模作样地扔给他那么大的希望？

送别宴上，就着上头的酒兴，辛弃疾再次用一首《水调歌头·壬子被召，陈端仁给事饮饯席上作》将满腹的失望和落寞尽情抛洒。如同多年前他在鄂州南楼之上那般：

长恨复长恨，裁作短歌行。何人为我楚舞，听我楚狂声？余既滋兰九畹，又树蕙之百亩，秋菊更餐英。门外沧浪水，可以濯吾缨。

一杯酒，问何似，身后名？人间万事，毫发常重泰山轻。悲莫悲生离别，乐莫乐新相识，儿女古今情。富贵非吾事，归与白鸥盟。

事已至此，又有什么可说的呢？毕竟皇命不可违，他能做的只有服从。把府衙中的公务稍事打理后，辛弃疾便跨上健马，离开了这座曾被他再次寄予幻想的城池。

第三节
恍入梦，功名浑是错

与上次召见截然不同，辛弃疾对皇帝突如其来的见面要求毫无兴奋感。宋光宗绍熙四年（1193年），辛弃疾离开福州后，先是前往建阳与友人聚会，而后又专程寻到朱熹处，与他品茶闲谈，还拜访了朱熹传扬后世的“武夷精舍”，写下诗篇后才离开。

在这形如散心的游历中，唯一能够告慰辛弃疾的，恐怕就是身居婺州的陈亮：经过艰苦营救，陈亮终于在宋光宗绍熙三年（1192年）初被赦免出狱，后回婺州购置田产，专心学经准备科考，连人都懒得多见，只有阔别了五年的老友辛弃疾能让他心情舒畅。两人把酒言欢，互抒壮志，又隔空调笑了一番远在考亭的朱夫子。停顿数日之后，辛弃疾才依依不舍地告别陈亮，起程前往临安面圣。

然而，这次召见的结果再次令辛弃疾有些迷惑。

皇帝赵惇自然同他的父亲赵昚一样，高坐在龙椅之上，却全然没有赵昚的唯我独尊。他不断垂问辛弃疾关于福建的一切，还有荆襄各地的战备策略，又虚心地向辛弃疾讨教有关金人的事情。辛弃疾惶恐惊喜之余，皆一一作答，并向赵惇奏上自己准备多时的《论荆襄上流为东南重地疏》，极力言及淮、江两地的关键地位，并论证了荆襄对大宋安危的重要性。赵惇则以前所未有的耐心和求知欲，对辛弃疾的奏对频频首肯，言至圣心处，赵惇甚至将天子威严抛到一边，破天荒地拊掌称赞起来。

皇帝的举动，令辛弃疾恍如坠入梦中。他半生都在孜孜不倦地寻求北伐金人、光复开封的机会，结果却受到了半生的不公和冷漠。难道在如今憧憬行将破灭、心灰意懒的当口，命运之神忽然开始垂青自己了？

皇帝的心思，做臣子的猜不到，也不敢猜。但赵惇显然对这次召见十分满意，很快就发下制书，任命辛弃疾为太府寺少卿，留京任职。同年八月，他又加封辛弃疾为集英殿修撰，正式担任福建安抚使兼福州知州。

皇帝的安排让辛弃疾有些哭笑不得：如果真要将他置于高位，又何必如此大费周折，让郑侨学士替代自己？结果却还是一样的。他并不知道，此时的朝堂里正进行着一场你死我活的争斗：外戚韩侂（音拖）胄为争夺权力，正同宗室宰相赵汝愚虚与委蛇；皇帝赵惇则因背负“不孝”的恶名，逐渐失去自己的权力。不少朝臣已奏请太后，想要逼迫皇帝放弃皇位，禅让给太子赵扩，而指使他们上书的正是韩、赵二人。所以放权给辛弃疾等主战派，恐怕是赵惇能获得士林支持的唯一方式。但即便如此，赵惇的命运也已不可逆转地走向历史划定的方向。

可辛弃疾没有时间考虑帝王心术，他生怕赵惇再像赵昚一样频繁调动自己，所以他必须迅速利用手中的权力，将他在抗金战略中的规划一一实现。

回到福州后，辛弃疾立刻检视军备，结果发现军器严重缺乏，不要说未来的大规模作战，甚至连供应目前的福建军队都成问题。他当即给枢密院和兵部发去公函，希望朝廷能够允准福建加制一万副兵甲，并重新招募壮丁，争取在数年内重建一支既能守土安民又能冲锋陷阵的敢战之兵。

福建的后勤也很成问题：由于人多地少，产出的粮食本就不够居民消费，福建境内又生活着一支多达200人的赵家宗室，平时开销甚大，花费的钱粮又需要从福建官府里出。所以每到歉收之年，福建极容易发生粮荒。辛弃疾于是发文给安抚使衙门以下的各地官署，要他们如实核定赋税收缴情况，保证财政收入稳定；他开源节流，极力缩减政府开支，然后建立了一个“备安库”，将省下来的缗钱和归属福建的钱币都存入其中，预备在将来发生粮荒的时候直接向邻近的广东买粮；丰收时直接将粮食转卖给宗室和军队，减轻地方财政压力的同时，还能继续巩固“备安库”的收入。可以说，辛弃疾虽然是古人，但他的做法与今天的储备政策如出一辙——以往官府都是努力存粮以防范灾荒，但结果往往是存入的粮食因日久而变质，尚未存入新粮时就发生粮荒。而辛弃疾的做法，无疑从技术上解决了这个难题。

然而，就在辛弃疾准备将宏图大志付诸实践的时候，命运之神再次无情地转动了齿轮。

宋光宗绍熙五年（1194 年）四月，陈亮病死了，这位遗世而独立的鬼才，逃过了世俗的牢狱之灾，却终究没能逃过时间的流转。

当日和辛弃疾分别后不久，陈亮就收拾行装，起程赶往临安参加科举。五月放榜后，这位从来都不被士大夫看好的陈同甫，竟出人意料地在策试中拔得头筹，晋身新科状元。连赵惇也被陈亮深不可测的才学和他矢志光复的赤诚之心感动，当即任命陈亮为建康府节度判官。辛弃疾当时还喜乐不已，想着有陈亮与自己分列南北，北伐必定不再是幻想，却不想陈亮出师未捷，还未上任就重病身死。

陈亮一死，标志着最后一位与自己志同道合的友人也宣告离去，辛弃疾痛不欲生，就着泪水为陈亮写下祭文。从此他郁郁寡欢，重新投入了酒精的泥潭之中，隐隐竟有颓废之势。

陈亮死后不过三个月，接踵而来的厄运又找上了辛弃疾：新上任的左司谏言官黄艾上书猛烈攻击福建安抚使衙门，称辛弃疾建立“备安库”、招兵备甲只是幌子，实际是为满足自己的私欲。那份奏章也写得极其难听，说辛弃疾“残酷贪饕，奸赃狼藉”，活脱脱将他再次描述成压榨百姓的酷吏。七月底，辛弃疾就被罢去福建的所有官职，只剩下冲佑观的奉祠闲职在身。

不过，面对这一次的弹劾，辛弃疾出人意料地平静。制书宣读完毕，他便将印绶从容上交，自己则带上南剑和家人飘然回带湖去了。

这不过是十多年前那场巨变的翻拍，他又有什么可怕的？只是，当辛弃疾强迫自己这样想的时候，总会有说不尽的酸楚涌上心头。

第十章 花期不定，国愁难平

毕生心血，终在昏君奸臣的玩弄中被付诸东流。自己活着还有什么用？归去，归去罢！

第一节
相怜相笑，满面尘埃

这一次罢官，尽管照例失望落寞，但辛弃疾终归还是比较释然的。他不但没有过分纠结朝廷的冷酷和壮志的难酬，反倒在归途中写下一首《柳梢青·三山归途代白鸥见嘲》，来自嘲这次急如星火的罢官：

白鸟相迎，相怜相笑，满面尘埃。华发苍颜，去时曾劝，闻早归来。

而今岂是高怀。为千里、莼羹计哉。好把移文，从今日日，读取千回。

辛弃疾确实是老成了，不止年龄老去了，还有那曾经炽热万分的心境也老去了。虽然念念不忘北伐抗金，但第二次被罢官的辛弃疾，已经能自觉地将“抗金”和“朝廷”分而视之，不再一腔热血地往前扑了。

可即便如此，命运依旧不肯轻易放过辛弃疾：妻子如兰过世了。

30年前满心欢喜地嫁给辛弃疾，可怜的如兰终究没能等到他功成名就的那一天。辛弃疾悲痛之余，也跟着大病了一场，仿佛世间所有的人和事都在同他作对，只因他是个不肯屈服的人。

人生的难以置信之处在于，任何不经意的感想都有化为现实的可能。撤到带湖新居不到一个月，如兰还尚未入土为安，麻烦就再次找上了辛弃疾：言官的最高领导、御史中丞谢深甫在朝议上再次弹劾辛弃疾“交结时相，敢为贪酷，虽已黜责，未抉公论”。他强烈要求对他进一步贬斥，导致辛弃疾集英殿修撰的奉职被降为秘阁修撰。十二月上旬，谢中丞弹劾政敌、中书舍人陈傅良，言语中又提及辛弃疾，称陈傅良有意包庇辛氏。宋宁宗赵扩即位后，新任御史中丞何澹再次上书，称辛弃疾“席卷福州，为之一空”，把他在福建的功绩全部说成罪过。赵扩竟深以为然，毫不留情地就将辛弃疾的秘阁修撰奉职也撤去了。

交结赵汝愚相公是错，受人保护是错，为福建百姓谋福利是错，积极备战准备抗金还是错。命运就是这样苛待辛弃疾，它总会拿着一把钝刀切割，不肯让辛弃疾从容了断，甚至也不愿让他的家人了断。

第二年盛夏，一场无名大火起于带湖居所。熊熊烈焰中，曾被辛弃疾寄予无限诗意的雪楼轰然倒塌，化作飞扬的尘埃和木炭。所幸辛弃疾当时并不在带湖，而是在期思村散心。听闻火讯，他急命南剑连夜赶往抢救财物。然而等辛弃疾匆匆返回时，映入眼帘的只剩尚冒着白烟的残垣断壁和满脸污黑的南剑。

带湖新居的焚毁，不仅让辛氏在经济上蒙受了巨大损失，使他们一家的生计陷入困顿，更是将辛弃疾的精神归宿连根拔起，彻底毁掉了他对山水生活的向往和崇拜。之前的辛弃疾尚能在仕途失意时流连带湖，在雪楼上眺望灵山，至少内心可以获得些许慰藉。雪楼一毁，辛弃疾失去了最后能够寄托感情的地方，其打击之大，可想而知。

唯一能够稍稍有所安慰的，恐怕就是瓢泉的居所正好落成。于是他只好收拾起仅存的家当，还有几部被他翻烂的军事地图，举家迁往瓢泉。

瓢泉虽然没有带湖新居的气势，但至少依山傍水，非常适合幽居养老。可辛弃疾却高兴不起来，他的生命仿佛彻底停留在了带湖之畔，魂魄也随着雪楼的崩塌而散尽。迁到瓢泉后，这里的一草一木越是溢美，他就越发思念带湖的景致，因为那里不仅有如画的美景，还有儿子铁柱的墓冢。

这次辛弃疾彻底老了，没有了初次罢职时的愤愤不平，游山玩水、躬耕务农之余，还能磨炼心性，填词会友。他像所有走入黄昏之年的老人一样，开始回避世事：家事放手给辛稹和辛秬他们，一切用度都让儿子去筹措；卿卿等侍妾尽数遣散，嫁娶随意，自己则带着南剑游荡山野。而南剑的工作，只是大包小包地为主人负担美酒，毕竟他的老爷已经离不开这穿肠毒药了。

最不幸的是，即便落魄至此，朝中的言官们仍然要追杀他。就在带湖居所被毁不到一个月，又有言官上书，称辛弃疾“赃污恣横，唯嗜杀戮，累遭白简，恬不少悛”，已然将他与大奸大恶之徒同列。当政的相公韩侂胄则顺水推舟，将辛弃疾冲佑观奉祠的闲职也罢掉。

祠官职位的失去，意味着辛弃疾彻底失去了经济来源，只能依靠瓢泉新居的几亩薄田糊口。但他根本不愿想这件事，整日靠狂饮怡情，结果酒毒入脏，险些病入膏肓。期思的百姓看不过辛弃疾这般颓废，用心为他选了当地一家林姓的大龄女子做填房，由于其平日里悉心照料，这才将辛弃疾从死亡边缘拉了回来。

然而天意弄人，到了宋宁宗庆元四年（1198 年），朝廷忽然又恢复了辛弃疾集英殿修撰、冲佑观奉祠的职位，继续供给他俸禄职薪。全家人都为这个“好消息”而兴奋鼓舞，因为按照惯例，辛弃疾再等几年就可以二次出山了。只有辛弃疾觉得这所谓的“奉祠”和“讽刺”已经没什么两样。不过为安慰家人，他还是写下了一首言辞普通的《鹧鸪天》：

老退何曾说着官，今朝放罪上恩宽。便支香火真祠奉，更缀文书旧殿班。

扶病脚，洗衰颜。快从老病借衣冠。此身忘世浑容易，使世相忘却自难。

两年后，至交朱熹病逝于武夷山中，辛弃疾的精神再一次受到严重打击。据说因受宰相韩侂胄党羽的淫威逼迫，朱熹发丧时竟没有多少门生故旧胆敢送葬。听闻传言后，这位年逾花甲的老人，再次用颤抖的手拿起笔，像当年遥祭陈亮那样，带着对奸佞的切齿仇恨，为朱熹写下祭文："所不朽者，垂万世名。孰谓公死，凛凛如生。"

祭文写完了，辛弃疾的愤怒却始终无法平复。他当即命南剑打点行装，前往武夷山悼念。朝中的那几位相公似乎也被老人的无畏所惊惧，竟没有对他作出任何动作，并且在三年后将他从山中请出。

谁也不会想到，请辛弃疾出山的竟然是韩侂胄。

第二节
识放翁，相见恨晚

韩侂胄是个很有本事的小人。

这个人虽然没有登榜进士科，却来头不小：韩侂胄的曾祖父是北宋名相韩琦，母亲是宋高宗妻子吴皇后的妹妹，他自己则娶了吴皇后的侄女为妻，是名副其实的外戚。到宋宁宗赵扩时，他的侄孙女又被赵扩立为皇后，可谓风光无限。

韩侂胄也深谙官场权谋：有宋一代，对宗室的防范最为小心，韩侂胄却壮着胆子同赵汝愚合作，逼迫赵惇让位于儿子赵扩。待赵扩登基不久，他就和赵汝愚你死我活狠斗了一番，用“宗室不得为相”的祖宗家法将赵汝愚逐出朝堂。为把赵汝愚的党羽一网打尽，他又借朱熹的理学掀起政治风浪，放手让爪牙们打压赵汝愚一派，最终功成名就，连赵扩这个皇帝都对他有所忌惮。

虽然在政治游戏中如鱼得水，但韩侂胄也深知，自己的相位来路不正，迟早会被后起之秀斗倒。他一个外戚，只能靠讨伐金国、建立不世之功勋立身。但若想成功北伐，就得将那些过去被主和派打压的抗金名臣一一起复，于是坚持抗金的辛弃疾就成了他的新棋子。

宋宁宗嘉泰三年（1203年）六月，朝廷一纸诏书再次唤回了幽居瓢泉八年的辛弃疾，命他前往面见宰相韩侂胄，并准备临安召对。

这一年，他已经64岁。

出于对韩侂胄的极端不信任（后者曾疯狂迫害朱熹），辛弃疾虽然像往常一样即刻出发，却没有携家人同行，只带一个儿子负责照顾，另外就是从不离身的南剑。

到达临安后，韩侂胄做足了功夫：他先是单独约见辛弃疾，与他论及朝政、民生、抗战之事，翌日便亲自引着辛弃疾前往宫中，觐见皇帝赵扩。赵扩也不拖沓，一见面就询问辛弃疾有关北伐的种种事宜。辛弃疾惊愕不已，当即将早已烂熟于心的北伐战略赫然列出。他言辞恳切，希望赵扩能趁着金国北方兵乱不止的机会，锐意北伐；还希望赵扩能够像太祖、太宗皇帝那样，放心地将战事交给元老宿将处理。赵扩龙颜大悦，当即嘱咐韩侂胄将辛弃疾安置在距临安较近的地方为官，方便他时时垂询。

很快，辛弃疾就被任命为绍兴知府兼浙东安抚使。如同往常那样，辛弃疾到任伊始就将斧头挥向了那些鱼肉百姓的贪官污吏，不断上书弹劾那些曾经不可一世的官老爷。结果不到一个月，浙东官场就被辛弃疾清扫得污浊净尽，百姓们终于有了出头之日。

不过，坐镇绍兴带给辛弃疾的最大收获并非政绩，而是结识了大诗人陆游。

辛弃疾出知绍兴前一个月，陆游正巧以年迈为由上疏致仕，居住在绍兴鉴湖畔的老学庵。他一生力主抗金复国，虽遭百般打压而不改初心。辛弃疾对这位爱国诗人仰慕至极，只是因着地理人事，始终未尝得见。如今陆放翁就在自己治下，辛弃疾心中的喜悦可想而知，当即选了黄道吉日，命南剑携带礼物，随自己前往鉴湖。

陆游对辛大帅的来访很是惊异，他虽然比辛弃疾年长了整整15岁，却也早被他的传奇经历和惊为天人的填词技艺所征服，更对他矢志北伐的信念赞赏不已。刚一见面，两位老人的手就紧紧握在一起。

陆游激动地说："幼安公，老朽行走江南数十年，不想竟有幸能在入土前得见真容啊！"

"放翁折煞稼轩了！"辛弃疾谦道，"辛弃疾不过山野闲人，恰巧又被官家看过眼，才有个一官半职罢了。"

陆游喜道："幼安公万不敢如此啊。你花甲之年尚能赐安抚浙东，足见朝廷对你重视颇深，当是预备之兆啊。"

"放翁高见。"辛弃疾谢道，越发感觉与陆游有相见恨晚之痛，连忙命南剑奉上礼品。陆游左右皆婉拒不成，只好笑纳。

"承蒙辛帅关照，老朽感激莫名啊。"

"放翁何必客气？稼轩乃是晚辈，理当孝敬。"

一见如故的愉悦大抵如此，两位志同道合的抗金志士坐在一起，所谈论的内容自然也不会脱离这个话题。不过当说到朝局时，陆游和辛弃疾又不约而同地沉默起来。自从赵惇退位、赵扩称帝后，韩侂胄一步步剿杀了赵汝愚的势力，还将朱熹的学说称为“伪学”，在朝中掀起党禁的祸乱，才导致辛弃疾当年一再被贬斥。现如今党禁虽然逐渐偃旗息鼓，朝廷却仍旧是韩侂胄的天下，因此谈起韩侂胄建议赵扩召辛弃疾入朝时，两个人多少都有些摸不着头脑。

陆游端着酒杯想了好一阵儿，才笃定地说：“这韩相公虽是外戚，但毕竟乃忠献公（韩琦）之后，想必也是为朝堂争红了眼，一如当年拗相公那般。不过他若真心愿辅佐圣上抗击金贼，我辈怎能不助其一臂之力?”

辛弃疾一听也释然了：“放翁所言甚是，晚辈对这韩相公也并无好感。于私，他的爪牙令朱元晦潦倒去世，我与他不共戴天！然于公，韩相公怕是这朝中唯一力主抗金的人，我等若不再抓紧这株稻草，只怕恢复之日遥遥无期啊！”

陆游赞许地点了点头，夸道：“百官皆称辛帅为官霸道，老朽向来不愿相信这般流言。今日相会，幼安公为大宋竟肯搁置私仇，足见是位君民为天、矢志中原的豪杰，老朽当拜服！”

两人就这样把酒言欢，陆游将自己在军中的经历和经验悉数介绍给辛弃疾，又把江淮前线的宋军布阵情况一一说明。辛弃疾时而聆听，时而补充。一直说到日暮时分，两位文坛豪杰才依依不舍地准备道别。

临走时，辛弃疾见陆游的草庐居所过于简陋，很不适合养老，想要为他修建几间新房，却被陆游一口拒绝。

这位年近80岁的老人坚定地说："骠骑将军曾云：'匈奴未灭，何以家为?'眼前金人仍在大宋旧土猖狂，老朽也断不会为自己谋身！只愿伫立鉴湖，恭候辛帅领王师凯旋！"

带着对陆游的无比崇敬之心，辛弃疾离开了老学庵。而陆游果真一语中的：出知绍兴府不到半年，韩侂胄就向赵扩呈上奏疏，开始为北伐金国制造声势。作为现存主战派中最负盛名的官员，辛弃疾又一次被召往行在召对。临走前，辛弃疾特地来老学庵向陆游辞行，80岁的老放翁壮心激烈，挥毫写下长诗《送辛幼安撰殿造朝》为他壮行，并殷殷劝诫他，一定要提高警惕，防止朝中小人的攻击，同时不要计较个人得失，只要北伐能够胜利，荣辱都算不了什么。

可以说，陆游虽然和辛弃疾的实际交往不多，却可能是最了解他的人。这种了解和陈亮、如兰不同，是一种具有相同经历的长辈的旁观者清。由此可见，陆游真的不愧是辛弃疾的知己。

只是，陆游的劝说来得太晚了。

第三节

廉颇老矣，尚能饭否

宋宁宗嘉泰四年（1204 年）正月，赵扩在宫中召见辛弃疾，再次垂询北伐之策。辛弃疾娓娓道来，坚称金国正遇内忧外患之时，劝赵扩一定要把握好机会。他的一席话，令赵扩信心倍增，把一旁的韩侂胄也听得热血沸腾，觉得自己把宝押在北伐上果然英明。适逢出使金国的官员回朝，言称金国正如辛弃疾所言，已到了最困顿不堪的当口。韩侂胄大喜过望，立刻撺掇赵扩用兵。

韩侂胄不断发文给各路安抚使和将领，令他们加紧训练兵勇，并不断把精兵派往江淮准备出击，甚至还征调了辛弃疾当年组建的湖南飞虎军。他急不可耐，尚未用兵就已从国库中拨出万两黄金，预备赏赐给将来立下战功的将卒。同年三月，韩侂胄又一纸调令，升辛弃疾为朝议大夫和宝谟阁待制，然后出知要地镇江——做到这个地步，全国上下都能想到韩侂胄的北伐意志了。

刚开始，辛弃疾对韩侂胄还是有些信心的，但随着韩侂胄的快马加鞭，他不免感到有些迷惑。召对时，辛弃疾几乎是屡次三番地劝诫赵扩，一定要把北伐的重任交给宿将老臣，至少也得是隆兴年就出将作战的大臣——这些人都曾和金人打过仗，了解对方的虚实。他还劝告皇帝，北伐肯定是旷日持久的统一战争，绝不可能一蹴而就。因此，朝廷不光要准备充分的粮饷和兵力，更关键的是要做好打败仗甚至重新被金人兵临城下的心理准备。可韩侂胄和赵扩仿佛已然梦见大军重回开封一般，不但大张旗鼓地征兵备战，还破例追封冤死多年的岳元帅为“鄂王”——如此闹哄哄地“整军经武”，饶是辛弃疾也有些怀疑了。

但朝廷的意志是他个人无法违抗的，况且北伐一直是辛弃疾的梦想。他已经65岁了，剩不下多少时光，如果有生之年再看不到北伐重开，他即使去了冥界也不会安宁。因此，尽管对韩侂胄的操之过急疑虑重重，辛弃疾还是一丝不苟地在镇江操办起来。

镇江地处长江下游，与扬州、建康两地遥相呼应，是一块极其关键的战阵。辛弃疾到任后，迅速清点兵马武备，大失所望后就开始招募新兵训练，打算像在福建时一样，建立一支素质装备都足够硬朗的万人军团。同时，由于南归日久，辛弃疾已经难以保证自己两上燕京时的情况能一成不变，而他目前对时局的了解，仅止于那些曾出使过金国的好友以及各种南逃来的汉人。为此他不惜耗费四千贯缗钱培养间谍队伍，将他们源源不断地送往长江以北，千方百计打探金国的内政、军备、民生情况。为了防止这些间谍被金人收买，他明确要求间谍们不能只打探一地，必须由南及北，彻底探听金国的虚实。这样既可以全面了解金人的情况，又能防止血本无归。

然而，南归间谍的报告却让辛弃疾惊出一身冷汗。和自己当初预估的几乎一样，金国的确内乱不止，北方草原还有蒙古诸部虎视眈眈。但在金章宗完颜璟的勉力支撑下，金国仍旧保持了相对平稳的状态，且金人余威尚存，几支主力军队仍具备较高的战斗力。反观大宋这边，数十年未动干戈的生活，已将内地军队的战力耗尽，不仅士卒没有经历过阵仗，连打过仗的将领也是寥寥无几。将才的匮乏程度超出想象，即使辛弃疾也不禁对北伐担忧起来。他再次上书韩侂胄，希望暂缓北伐进度，先把军队的训练抓上去，同时继续积攒储备，待万事俱备、金国走入崩溃边缘，那时朝廷再兴兵也不迟，而且绝对有可能出现一边倒的优势。辛弃疾认为，朝廷如果想一战到底，哪怕多等 20 年都可以，反正皇帝赵扩年富力强，北伐又是军民一致的壮举，无论何时都会有人支持。

可是，这种建议在急于求成的韩侂胄那里，自然是不可能得到什么有效反馈的。20 年后赵扩年富力强是不假，但他韩相爷怕早被政敌开棺戮尸了！不行，20 年太长，他要只争朝夕！

辛弃疾无奈，只得继续投身到紧张的备战工作中去。然而越备战，他的担忧就越强烈。军队素质的低下、善战将领的奇缺、朝廷的心急火燎，正不断地给他的信心蒙上阴影。重重压力下，辛弃疾决定暂时搁置公务，带着南剑前往北固山散心。

站立在山顶的北固亭中，望着一成不变的景致，辛弃疾百感交集：40 多年前，就是在这里，他结识了范家父子，还有与自己相伴

30余载的妻子如兰。如今物是人非，镇江到处遍布旌旗，引导着嗷嗷乱叫的士卒向金人示威。可金人就是这么容易被吓跑的吗？作为一个在金国长大的汉人，辛弃疾无疑是最有发言权的。眼下的这般情景，真的没法让他放心。

思虑片刻，辛弃疾命南剑取来笔墨，就着一派乱象，写下了那首让他流传千古的《永遇乐·京口北固亭怀古》：

千古江山，英雄无觅，孙仲谋处。舞榭歌台，风流总被，雨打风吹去。斜阳草树，寻常巷陌，人道寄奴曾住。想当年，金戈铁马，气吞万里如虎。

元嘉草草，封狼居胥，赢得仓皇北顾。四十三年，望中犹记，烽火扬州路。可堪回首，佛狸祠下，一片神鸦社鼓。凭谁问：廉颇老矣，尚能饭否？

一词唱罢，辛弃疾心中韵味尚足，遂又挥笔写就了一首《南乡子·登亲口北固亭有怀》：

何处望神州？满眼风光北固楼。千古兴亡多少事？悠悠，不尽长江滚滚流！

年少万兜鍪，坐断东南战未休。天下英雄谁敌手？曹刘。生子当如孙仲谋！

第四节

心死如灯灭

就在辛弃疾苦苦劝告韩侂胄不要轻易兴兵的当口，祸事终于发生了，而且竟是当初陆游的担忧：宋宁宗开禧元年（1205 年）三月，全国上下都在加紧备战之际，朝廷忽然将兵刃挥向了忙碌在最前线的辛弃疾。一个通值郎因不法事被严肃查处，作为他的推荐人，辛弃疾被迫担负“谬举”（即错误推荐）的责任，连降两级成为朝散大夫，返回临安思过。六月，韩侂胄再次一纸调令，把辛弃疾发往他曾经生活战斗过的老地方——隆兴府。

辛弃疾彻底愤怒了，但不是因为朝廷对自己忽冷忽热的态度：他经营镇江不过 15 个月，各项计划都还停留在筹备阶段；工作尚未铺开就随便将前线官员调离，根本就是不负责任的官僚行径，更是直接导致辛弃疾在镇江的全部心血化作流水。他真的不明白，让朝廷真心实意地相信一个“归正人”，究竟是有多难？

愤怒很快化作流言，流言很快变成事实。还没等辛弃疾调整好情绪前往隆兴府就职，就又有言官跳出来，指责他好色、敛财、滥施酷刑。小丑似的辱骂令辛弃疾愤慨。这样的指责几乎伴随了他 30 年，却害得他失去了近 20 年的大好时光！他再也不想解释什么，也不愿再寄希望于任何人。他已然看得真真切切，高卧在临安城的那位韩相公，不过是个玩弄权术的小人，他从来都没有真心想要收复中原，只想利用辛弃疾这面旗帜招揽人心。现在人心聚齐了，韩相公的声威正逼近顶点，成了凌驾于丞相之上的“平章军国事”，失去利用价值的辛弃疾却还在阻挠大宋开战。既然如此，这个烫手山芋留着还有什么用呢？丢掉算了！

七月初五，罢官制书传来，照例把冲佑观奉祠外的官职剥得干干净净。辛弃疾懒得看那篇对自己大放厥词的东西，当即收拾衣装返回瓢泉。归乡路上，义愤填膺之余，他专门填词痛骂乱国的韩侂胄，说他“郑贾正应求死鼠，叶公岂是真好龙”。这一次，辛弃疾真的是被伤透心了。

伤心的结果，就是心死如灯灭。

同样看出韩侂胄骗局的还有水心先生叶适。叶适是坚定的主战派，韩侂胄上台后就任命他为工部侍郎。叶适起初满心欢喜，却发现韩氏备战几同儿戏，完全不考虑后果。于是他极力劝阻朝廷开战，甚至拒绝为赵扩起草开战诏书，结果同样遭到了韩侂胄的冷落。这些事都尽收辛弃疾的眼底，他干脆铁了心住在瓢泉，再也不管北伐的事情，连半年后朝廷再次命他回绍兴当安抚使，他也不予考虑。

宋宁宗开禧二年（1206年）四月，大宋不宣而战，全线袭击金国边防，猝不及防的金军被打得晕头转向，被迫节节败退。五月，赵扩正式下诏，宣布讨伐金国。邸报传来，江南上下欢欣鼓舞，振臂欢呼。韩侂胄也扬扬得意，以为胜券在握。

然而就在这时，局势突然发生逆转。金人本就兵强马壮，虎视南朝，大宋大张旗鼓准备战事的行为根本逃不过他们的眼睛，因此他们早就做好了准备。初期遇挫不久，金人就有条不紊地开始回击宋军。而大宋这边，朝廷急功近利，韩侂胄又不懂军事，一旦兵败就当场撤换将领，犯下大忌，加之四川方面的将领突然叛变，宋军不久就陷入被动之中。金军则越战越勇，相继攻克真州（仪征）、扬州等地，把宋军逼入绝境，最终大败而还，全数退回江南。

金军又岂是易与之辈？见宋军一触即溃，金国当即点起江北所有兵马，浩浩荡荡地冲到江边，只等金国皇帝一声令下，他们就顺江而下，直捣临安行在。

就在这年底，病急乱投医的韩侂胄慌忙上告赵扩，建议召辛弃疾回朝救援。赵扩当即允准，晋辛弃疾为宝文阁待制，出知江陵府，结果辛弃疾依旧不理不睬。韩侂胄以为他嫌官小，和赵扩商议后急召辛弃疾于次年正月入朝觐见。召对后没过几天，就又甩给他兵部侍郎的职位，要他好生准备对金国作战。

朝廷之所以如此大方，全因韩侂胄已经急得像热锅上的蚂蚁：为了挽救颓势，防止政敌再起，他已经掏了二十万贯家财助军，又命人拿着亲笔书信和礼品前往金营议和。金人却不依不饶，坚决要求大宋割地赔款，还得奉上挑起战争的“祸首”，否则就要继续攻打。韩侂胄听后顿时气得暴跳如雷。所谓“祸首”，说的不就是他韩相公自己吗？于是他当即撕毁议和文件，再次下令全军备战。

赵扩已经被打成了惊弓之鸟，如果再不做出什么有利的动作，韩侂胄真害怕皇帝会将他绑起来送给金国消气。

但辛弃疾没心情顾及韩相公的人头，当即上书请辞，宁可老死也不愿再理会这对荒唐君臣。韩侂胄不死心，又任命辛弃疾为龙图阁待制，掌管宫中道观，千方百计要把他留下。辛弃疾没法拒绝直接来自皇帝的品秩任命，只好暂时留在临安。韩侂胄以为辛弃疾动摇，大喜之下，三月底就上书恢复了辛弃疾的朝请大秩，七月底又重升为朝议大夫，等于在程序上为他彻底平反了。

可对这位已近风烛残年的老人来说，迟到的平反又有什么意义呢？说到底，这不过朝廷的一厢情愿，想要辛弃疾继续为韩氏卖命罢了。如此儿戏的平反，不要也罢！于是不久，辛弃疾就再次上书，请求皇帝让他回瓢泉养病。

赵扩同意了，他想不出借口来拒绝一个年近古稀老人的要求，只得放他离开行在。然而他刚到家没多久，惊慌失措的韩侂胄又赶紧发来一份枢密院都承旨的任命，要他即刻上临安觐见。

看着装裱华丽的制书，辛弃疾不禁悲切连连。从南投大宋的第一天开始，他就等待着枢密院的军权，好让自己有朝一日指挥千军万马，将金人彻底赶出中原，光复北方，解救千百万被金国奴役的同胞。然而，当都承旨的任命真正摆在眼前时，涌上心头的却不是壮怀激烈的感慨，而是千般苦痛唯有自持的悲凉。

他将任命原封不动地装好，请来使还给韩侂胄，同时被带走的，还有他请求致仕归乡的奏疏。

毕生心血，终在昏君奸臣的玩弄中被付诸东流，自己活着还能有什么用？归去，归去罢！

宋宁宗开禧三年（1207年）秋，为抗金事业奋斗了整整一生的辛弃疾，像开篇第一幕那般，在瓢泉家中与世长辞，终年68岁。

第十一章／千古诗名，都付笑谈

后世流传下来的辛弃疾诗词总共有600多首，无论是在质量还是数量上均为宋朝之冠，有人评价说：“稼轩者，人中之杰，词中之龙。”

第一节

古今多少成亡事

曾经纵横南北、镇抚四方的辛弃疾，就这样以极其悲怆的方式离开了人世。他活着的时候轰轰烈烈、坎坷多艰，临死前依旧不忘国事，大呼“杀贼”数声才饮恨离去。此时，韩侂胄却还在临安焦急地等待着铅山的回音。

然而，他终究是等不到了。

信使在路上已经听说了辛弃疾辞世的消息，回到临安后就立刻求见韩侂胄。韩侂胄原本满心欢喜地以为辛弃疾见官眼开，肯定会来临安对自己俯首听命。然而，当信使将那封乞求致仕的奏疏呈上时，韩相公一屁股瘫倒在座椅里，所有的希望在瞬间化成了泡影。

连辛弃疾都不愿意出山北伐了，试问天下还有谁能为自己力挽狂澜？看着奏疏上歪斜的字体，韩侂胄不禁百感交集。

也许他真的后悔了。

因感慨辛弃疾的忠心，赵扩很快发下诏书，赐他以龙图阁待制的品秩致仕，并追赏官职以示隆重。

但这些东西，对已然辞世的辛弃疾而言已没有什么意义了。他唯一的心愿就是，有朝一日，以胜利者的身份，将自己的枯骨埋葬在祖父的坟茔旁，墓碑之上，还书有横平竖直的“大宋”二字。

很多人熟知辛弃疾是因为他的文学作品，其实他更是一位卓越的军事战略家、一位罕见的幕僚人才。在辛弃疾出生的时候，北方已经落于金人之手，从小生活在金人占领区的辛弃疾渴望恢复疆土。他在 22 岁的时候就能够聚集上千位将士，加入耿京的部队，他本人也成为了耿京的高级幕僚。

辛弃疾在战略方面同样富有才华。他完成了军事论文《美芹十论》和《九议》，在这两篇文章中我们能够看到辛弃疾的战略思想，而这种战略思想对于当时的战局的确具有指导意义，只可惜被腐朽的南宋王朝忽视了。

尤其是在《九议》中，他论述了处于劣势和危机时的反攻之法。只可惜当时的南宋已经处于岌岌可危的地步，而且辛弃疾一直不能得到重用。等到最终重用他的时候，大势已去，辛弃疾也没有了回天之力。

朱熹就对辛弃疾的军事思想大加赞扬，并且在他的著作中多处引用了辛弃疾的论兵思想。

辛弃疾的一生以气节自负，以功业自诩，其一生均在追求抗战复国。他的《美芹十论》与《九议》，条陈战守之策，显示了其卓越的军事才能与爱国热忱。他和南宋志士陈亮及理学家朱熹建立了非常深厚的友谊，他们在一起切磋学问的同时，也会交流爱国思想。辛弃疾的这种战斗思想在他的作品中多有体现，甚至可以说是他作品的主旋律，虽然其中也有一些英雄无用武之地的悲叹以及壮士闲置的愤懑，但是依旧能够看到他强烈的爱国思想和战斗理念，他的这种思想具有鲜明的时代特色。

在中国的历史上，辛弃疾是一位不可多得的军事帅才。

辛弃疾从根本上重视士兵的来源和构成，而且非常看重谍报和情报的作用。在搜集来的情报上面，明确记载了敌方的兵马数量、驻扎地点、将帅姓名。

辛弃疾是一位不折不扣的战略家和思想家，他在战术方面善于出奇，以奇袭获得最大的成效，而这些奇袭中饱含着他的军事思想。他的军事思想总是干净利落且有十足的效用。

当年，辛弃疾在湖南任湖南安抚使时，就非常重视对士兵军事能力的训练。他召集农家壮年子弟成立了飞虎军，史称“军成，雄镇一方，为江上诸军之冠”。他的飞虎军有精锐步兵 2000 人、骑兵 500 人，这些士兵协同作战，在训练中强调实战能力，讲究速战速决，这支部队的战斗能力在当时数一数二。

辛弃疾认为兵不在多。他渴望建立一支有快速反应的部队，一方面可以随时进行攻击和防御，另一方面其存在本身就是一种威慑力。辛弃疾的这种思想是超前的，在当时并不能够被人们所接受，而纵观几千年的战争史，一个有快速反应部队在战争中有着非常重要的作用，而这一点在之后的历代战争中均得以应用。

辛弃疾的这种思想在他的诗歌作品中多有体现，比如“谁信天峰飞堕地，傍湖千丈开青壁”“射虎山横一骑，裂石响惊弦”“金戈铁马，气吞万里如虎”等等。

如果辛弃疾当时的军事攻击思想能够与宋朝的政治、经济所融合，那么这种思想必然能够起到非常重要的作用。只可惜当时的宋朝已经千疮百孔，即便有这种优秀的思想也无法得到具体实施。

当时宋朝的整体军事实力下降，虽然从北宋初期到仁宗时期，兵力由 20 余万增加到 120 万，但是当时“兵不知将，将不知兵，训练毫无，指挥稀烂”。带兵的将军想通过人数的增加来克扣军饷，而为了养活这些并没有战斗力的士兵，国家又大肆敛财，苛捐杂税让百姓苦不堪言。

再加之当时的宋朝结党营私层出不穷，这种权力的争夺，让国家的实力迅速下降。

辛弃疾就在这样的空间中挣扎，无法得到重用，只能空有一腔抱负。

辛弃疾在《论阻江为险须藉两淮疏》中也讲道，长江是军事险要之地，但其必须借助两淮，长江将国家分为南北，从来“未有无两淮而能保江者”。两淮的地势非常重要，地方军队一旦扑到长江沿岸，则长江的优势荡然无存。如果能够从中截断，使得敌军首尾不能相顾，必能大破敌军。虽然宋朝当局没有重视辛弃疾的这种思想，但是他的这种论述在之后历史中多次被应用，使不少战争取得了胜利。

辛弃疾是想通过自己的方法消除笼罩在人民头上的掠夺和屠杀，他渴望强国固民，渴望以战争消灭战争。

比如辛弃疾在担任建康府通判之际，湖湘一带有盗贼，他在平定了盗贼之后，开始思索盗贼蜂起的原因，其给皇帝上书："……田野之民，郡以聚敛害之，县以科率害之，吏以乞取害之，豪民以兼并害之，盗贼以剽夺害之，民不为盗，去将安之？夫民为国本，而贪吏迫使为盗，今年剿除，明年铲荡，譬之本焉，日刻月削，不损则折。欲望陛下深思致盗为由，讲求弭盗之术，无徒恃平盗之兵……"皇帝对他的这种想法也点头称是，之后其在江西做官，拯救百姓于水火之中，运用自己的方法平定了当地的骚乱。

通过这件事，我们能够看到辛弃疾卓越的政治见识和眼光，以及其处理危机的能力，令人可钦可佩。辛弃疾是一位战斗英雄，也是一位不可多得的将帅之才，他的诸多军事思想虽然在那个时代没有得以实现，但却指导着之后的很多战争。辛弃疾的一生闪烁着真善的光辉，同时其也是一位可歌可泣的军事帅才。

试想，如果给这位卓越的军事将领足够的机会，历史该会有如何走向？

第二节
稼轩者，词中之龙

除了军事方面的才能之外，辛弃疾更被人熟知的是其优秀的文学才能。而提到辛弃疾的文学造诣，一方面需要注意他所处的时代环境，另一方面需要提到陈亮这个人。

少年时期的辛弃疾处于国土沦陷、外族欺压的境地，宋钦宗靖康元年（1126 年），北宋王朝覆灭，整个中原地区沦入敌方之手，之后山东地区也被敌人占领。辛弃疾从小就生活在种族歧视和种族压迫之中，而强烈的民族仇恨在他幼小的心灵中不断增长，使其从小就有御敌报国的理想。

1161 年，完颜亮大举南侵，只有 22 岁的辛弃疾聚集 2000 多人抗金，之后归顺于耿京的起义军，渴望图得大业。第二年辛弃疾南渡，想归顺于朝廷，没想到叛徒张安国杀害了耿京，并且投降于金。当时只有 50 名士兵的辛弃疾听闻这个消息，率领部下偷袭了金营，生擒叛徒张安国。从此辛弃疾归依南宋，开始了自己坎坷的一生。而在这段壮志难酬的岁月里，其留下了不少不朽的诗篇，为后人熟知。比如《鹧鸪天·有客慨然谈功名，因追念少年时事，戏作》：

壮岁旌旗拥万夫，锦襜突骑渡江初。燕兵夜娖银胡觮，汉箭朝飞金仆姑。追往事，叹今吾，春风不染白髭须。却将万字平戎策，换得东家种树书。

在这阕词中辛弃疾描写了“粤辛巳岁，逆亮南寇，中原之民屯聚蜂起，臣尝鸠众二千，隶耿京，为掌书记，与图恢复，共籍兵二十五万，纳款于朝”的经历，从而引发了自己壮志难酬的悲哀和感慨。辛弃疾在痛恨之中并不消沉，依然奋进，渴望着最终的成功。

中年的辛弃疾处于游宦时期。在这段时期，他同样没有忘记自己的抱负，先后上了一系列奏章，阐述了自己抗金的思想，只可惜这些军事思想并没有得到当局的认可和采纳。

辛弃疾在任职期间，采取积极措施，招集流亡，训练军队，奖励耕战，打击贪污豪强，注意安定民生。辛弃疾的一生都主张抗金，尤其是在作品《美芹十论》《九议》中分析了军事形势，渴望加强军事战备，从而鼓舞士气，恢复中原，但是他所提出的抗金思想均没有得到采纳，其本人也被主和派攻击，一度落职于江西上饶一带。

和辛弃疾同时代的陈亮同样是一位杰出的思想家。为人豪迈，且主张抗战，也和辛弃疾一样多次被迫害。与辛弃疾志同道合，所以交往甚密。辛弃疾在上饶居住时，陈亮前来拜访他，辛弃疾作《贺新郎》，记述了两人的这次交往。这阕词前面有一段序：

陈同父自东阳来过余，留十日。与之同游鹅湖，且会朱晦庵于紫溪，不至，飘然东归。既别之明日，余意中殊恋恋，复欲追路。至鹭鸶林，则雪深泥滑，不得前矣。独饮方村，怅然久之，颇恨挽留之不遂也。夜半投宿吴氏泉湖四望楼，闻邻笛悲甚，为赋《贺新郎》以见意。又五日，同父书来索词，心所同然者如此，可发千里一笑。

把酒长亭说。看渊明、风流酷似，卧龙诸葛。何处飞来林间鹊，蹙踏松梢微雪。要破帽多添华发。剩水残山无态度，被疏梅料理成风月。两三雁，也萧瑟。佳人重约还轻别。怅清江、天寒不渡，水深冰合。路断车轮生四角，此地行人销骨。问谁使、君来愁绝？铸就而今相思错，料当初、费尽人间铁。长夜笛，莫吹裂。

这阕词在开头阐述了驿站话别时的情景，辛弃疾对这位朋友大加赞赏，并且将他比作隐居时期的陶渊明和诸葛亮，在之后又回味了叙别情。令人惆怅的是当时天气寒冷，道路艰险，这种时刻的离别让人销魂蚀骨，而他们的这种离别之情还饱含着国家危亡和自身无法得到重用的愤懑。这阕词在中国词界有着非常重要的地位。

这段时期辛弃疾的诗词比苏轼的诗词更加广阔，真正达到了“无意不可入，无事不可言”！

到了 1188 年冬天，陈亮从浙江东阳来拜访辛弃疾，两人在一起纵谈国家大事，并且讨论抗金复国的思想，颇为投机。

陈亮在辛弃疾那里居住了十来天，之后离开。辛弃疾对陈亮颇为思念，于是写了一首《贺新郎》寄给对方。陈亮也很快和了一首《贺新郎·寄辛幼安和见怀韵》，看到陈亮的词之后，辛弃疾唏嘘不已。

老大那堪说。似而今、元龙臭味，孟公瓜葛。我病君来高歌饮，惊散楼头飞雪。笑富贵千钧如发。硬语盘空谁来听？记当时、只有西窗月。重进酒，换鸣瑟。

事无两样人心别。问渠侬：神州毕竟，几番离合？汗血盐车无人顾，千里空收骏骨。正目断关河路绝。我最怜君中宵舞，道“男儿到死心如铁”。看试手，补天裂。

在这阕词中，辛弃疾从抗战派与投降派之间的矛盾出发，提出了祖国分裂的这一事实，并借助千里马写到人才不能够得到重用，从而也堵塞了收复中原这条路，揭露了投降派对抗战派的打击。最后他表达了自己渴望祖国统一的思想和决心，一方面写出了自己不被重用的愤懑心情，一方面表达了自己坚定的信念。

辛弃疾的很多词都在评论时局，他对国家大事非常关心，这些都表现在他的诗词之中。他的诗词不是空泛地去议论和陈述，而是将自己的感情融入其中，比如《菩萨蛮·书江西造口壁》：

郁孤台下清江水，中间多少行人泪。西北望长安，可怜无数山。青山遮不住，毕竟东流去。江晚正愁余，山深闻鹧鸪。

这阕词是辛弃疾担任江西提点刑狱时的作品。

1129年，金兵侵扰江西一带，残杀了很多百姓。辛弃疾在江西任职时，登上郁孤台，想起那一幕幕惨剧，情不能自已，于是写下了这阕词。

其实辛弃疾有很多诗词都是通过写景最终转换到自己的抱负上的，比如：《念奴娇·登建康赏心亭，呈史留守致道》：

我来吊古，上危楼，赢得闲愁千斛。虎踞龙蟠何处是？只有兴亡满目。柳外斜阳，水边归鸟，陇上吹乔木。片帆西去，一声谁喷霜竹？却忆安石风流，东山岁晚，泪落哀筝曲。儿辈功名都付与，长日惟消棋局。宝镜难寻，碧云将暮，谁劝杯中绿？江头风怒，朝来波浪翻屋。

《水龙吟·登建康赏心亭》：

楚天千里清秋，水随天去秋无际。遥岑远目，献愁供恨，玉簪螺髻。落日楼头，断鸿声里，江南游子。把吴钩看了，栏杆拍遍，无人会、登临意。休说鲈鱼堪脍，尽西风、季鹰归未？求田问舍，怕应羞见，刘郎才气。可惜流年，忧愁风雨，树犹如此！倩何人唤取，红巾翠袖，揾英雄泪！

《丑奴儿·书博山道中壁》：

少年不识愁滋味，爱上层楼。爱上层楼，为赋新词强说愁。如今识得愁滋味，欲说还休。欲说还休，却道天凉好个秋。

《南乡子·登京口北固亭有怀》：

何处望神州？满眼风光北固楼。千古兴亡多少事？悠悠，不尽长江滚滚流！年少万兜鍪，坐断东南战未休。天下英雄谁敌手？曹刘。生子当如孙仲谋！

在那段时期，投降派的势力更盛一些，所以辛弃疾很长一段时间都在江西的乡下赋闲，得不到重用，之后宰相韩侂胄重新起用了辛弃疾。韩侂胄急于北伐，所以重用了主战派，他想要通过打败金兵给自己取得一些政治资本，从而巩固自己在朝中的势力。

辛弃疾是一个精通兵法的人，他知道战争并非儿戏，更不能操之过急，认为当时的战局还未成熟，希望不要草率行事。谁知道韩侂胄开始猜疑辛弃疾，之后将他贬到镇江做知府。而在镇江期间，辛弃疾多次登上北固亭，在此可以看到已经属于金国的大片宋朝故土，作为词人的辛弃疾不吐不快，于是有了多首用咏古词。

当然辛弃疾也有一些情词流传千古，比如《青玉案·元夕》：

东风夜放花千树。更吹落，星如雨。宝马雕车香满路。凤箫声动，玉壶光转，一夜鱼龙舞。蛾儿雪柳黄金缕，笑语盈盈暗香去。众里寻他千百度，——蓦然回首，那人却在，灯火阑珊处。

这是一位豪放诗人所作的婉约词，而其和北宋婉约大家晏殊、柳永相比丝毫不落下风。在这阕词中，渲染了元宵节的绚丽和热闹，从而反衬出一个不施粉黛、不愿同流合污的女性形象，寄托了辛弃疾本人政治失意之后不愿同流合污的品格。

到了晚年，辛弃疾被迫归隐。1182—1202 年，其大部分时间都在江西度过。最初，辛弃疾在上饶带湖居住，后来又来到铅山瓢泉，在这里他完成了《鹧鸪天·寻菊花无有，戏作》：

掩鼻人间臭腐场，古来惟有酒偏香。自从来往云烟畔，直到而今歌舞忙。呼老伴，共秋光，黄花何处避重阳？要知烂熳开时节，直待秋风一夜霜。

40 岁本应该是一个人的黄金年龄，可是此时辛弃疾却被排挤，只能在家闲居，满腔的救国抱负无法得到实现。他此时已将腐败的官场看透，“掩鼻人间臭腐场”就是对自己内心不满的发泄。

闲居中的辛弃疾选择了依山临水、云烟缥缈的地方，这也体现了他高贵的品质。在长期的隐居生活中，辛弃疾寄情于田园和山水之中。他羡慕的是陶渊明，渴望“桃花源”一般的生活，而在这段时间他也完成了大量的山水田园诗词，其中均含有浓浓的乡土气息。

辛弃疾不仅能够作出气势磅礴的爱国诗词，还能够有这种闲散的山水田园诗词问世。比如《清平乐·村居》《西江月·夜行黄沙道中》均为流传千古的山水田园诗词。

在《清平乐·村居》中，辛弃疾写道：

茅檐低小，溪上青青草。醉里吴音相媚好，白发谁家翁媪。大儿锄豆溪东，中儿正织鸡笼；最喜小儿无赖，溪头卧剥莲蓬。

他通过剪影式的手法，描述了一幅幅平凡而且新鲜的乡村风景以及人物图，这位千古年来的将帅之才亲切地关注着平凡的乡村父老儿童，展现出其博大的胸怀以及多元化的艺术气息。

在《西江月·夜行黄沙道中》中，辛弃疾写道：

明月别枝惊鹊，清风半夜鸣蝉。稻花香里说丰年，听取蛙声一片。

七八个星天外，两三点雨山前。旧时茅店社林边，路转溪桥忽见。

此时的辛弃疾居住于上饶带湖，这阕词真实描写了农村夏夜景色的幽美，也展现了词人夜行于黄沙道中的真实感受，一幅生动形象的画面跃然纸上，读来给人一种身临其境的感受。

辛弃疾在闲居的这段时间，经常借酒浇愁，以此来打发漫漫长夜。他是一个主张抗战的主战派，可是得不到统治者的重用，只能在这里借酒浇愁。其在这种情况下完成了《西江月·遣兴》：

醉里且贪欢笑，要愁那得工夫。近来始觉古人书，信着全无是处。昨夜松边醉倒，问松“我醉何如”。只疑松动要来扶，以手推松曰：“去!”

在这阕词中，辛弃疾翻用了孟子的“尽信书不如无书”。其在词中忆了自己喝醉时的一幕，惟妙惟肖，可谓妙趣横生。

辛弃疾在本应该有所作为的年纪被迫隐居，在这段时间里他写出了很多闲散的诗词，但是这种闲散并不是他的志趣，所以诗词中多半含有怨艾的感情，算得上别样的爱国思想。

而就在辛弃疾 64 岁高龄时，其还以国事为重，最终选择奉令出任，只可惜不久又遭到罢免。之后在 66 岁时，他虽然多次封召，乃至授以兵部侍郎、枢密院都承旨要职，最终还是以自己年老多病为由推脱未就。此时的辛弃疾，或许一腔爱国思想早已经化为愤懑。

在 1027 年秋，重病之中的辛弃疾仿佛又回到了其熟悉的战场上，对着金人进行砍杀，身后则是自己的百万雄师，一时之间旌旗飘扬、杀声震天……可惜一代英雄在这种渴望中离开了人世。

辛弃疾的一生非常艰辛，他渴望恢复祖国统一，渴望以自己的一腔热血征战沙场，或许以陆游的“塞上长城空自许，镜中衰鬓已先斑”来概括辛弃疾的一生非常贴切，而“醉里挑灯看剑，梦回吹角连营。八百里分麾下炙，五十弦翻塞外声。沙场秋点兵。马作的卢飞快，弓如霹雳弦惊。了却君王天下事，赢得生前身后名。可怜白发生”，或许是辛弃疾一生的志向。

辛弃疾即便是在喝醉的时候，心中想的也是国家大事，渴望的是收复失地。他渴望能够挑亮灯火，一边欣赏着自己的宝剑，一边思考着如何去战斗。在他的睡梦中军营相连，在一阵号角声之后，将士们欢欣鼓舞，就在兵强马壮的时候，沙场点兵，将士们准备出征！而他所统率的铁骑犹如闪电一般冲向敌人，一阵弓箭之后，敌人纷纷落马，将士们乘胜追击，一时间凯歌高奏！只可惜这些都是辛弃疾的渴望，他不得不面对残酷的事实，额头的白发不断告诉他，岁月不饶人，他已经没有多少时日等待了。

后世流传下来的辛弃疾诗词总共有600多首，无论是在质量还是数量上均为宋朝之冠，有人评价说：“稼轩者，人中之杰，词中之龙。”辛弃疾不仅有对南宋上层统治者选择屈辱投降进行揭露和批判的作品，也有不少赞颂祖国大好河山的作品，更有一批流传千古的山水田园诗词。其作品艺术风格多样，不过主要以豪放派诗词为主。他的作品热情洋溢，展现了雄厚的笔力。他的诗词在继承了苏轼豪放的词风之外，更多融入了一种战斗思想和渴望，进一步拓展了诗词的境界，也扩大了诗词的题材。

辛弃疾的诗词不拘一格，无论是沉郁、明快还是激烈、妩媚，均兼而有之。他擅长应用比兴的手法和独特的想象，将大自然的一草一木赋予情感，并将自己的思想寄托于其中。其还擅长吸收民间的口语，更擅长用典。辛弃疾还以非常细腻和生动的笔触描绘出江南农村的美景，四季的田园景色和民俗风情在辛弃疾的笔下活灵活现。他的诗词不仅有沉雄豪迈的一面，也有细腻温柔的一面，这在苏轼的基础上大大拓展了词的思想意境，也提高了词在文学史上的地位。

辛弃疾的诗词在内容上充满强烈的爱国思想，在艺术手法上具有一定的创新思想，在文学史上有着深远的影响。他的这种艺术风格也影响了很多后来者，从而成就了南宋声势浩大的爱国词派。在后世中，每当国家和民族处于危亡时，不少人就会从辛弃疾的诗词中吸取力量从而鼓舞士气。

辛弃疾不仅在诗词方面有一定造诣，其文章同样力透纸背。比如作为南宋大臣的辛弃疾曾经写过一篇《议练民兵守淮疏》，这篇文章表达了其强烈的爱国主义思想，同时对战争的局势做了精辟入里的分析，并且提出了一系列行之有效的对策。在这篇文章中，辛弃疾同样展现了自己的爱国思想以及情感，反映出了其强烈的忧国忧民思想，“道男儿到死心如铁，看试手，补天裂”。这种豪情跃然纸上，也展现了他强烈的以身报国的思想。

英雄的使命就是要为民族的事业而奋斗一生，辛弃疾的这种英雄使命感非常强烈，即便在失意、落魄的时候，其始终不愿意忘却自己的历史使命。他的心中时刻思念着祖国和江山，虽然华发早生，可壮心不老！正是因为有这种思想和使命感，所以在文坛诗词中找不到另外一个辛弃疾，历史中没有他的同类项，辛弃疾就是辛弃疾，一个独特的英雄，一个独特的词人！他的一生虽然有过从容平和，但更多的是壮志难酬；他的一生虽然有过超然旷达，但他始终心系天下；他的一生虽然有过悲戚哀怨，但他从来没有放弃；他的一生虽然有过失望，但他从来没有绝望！一个跳跃着的诗词精灵用自己生命的激情书写了一段不朽的篇章，这就是辛弃疾，一个拥有独特生命情怀和诗词气质的辛弃疾！